やさしい経済学

2 ニュースがわかる

池上 彰 著

テレビ東京報道局 編

日本経済新聞出版

目次

経済学の勉強の続きを

——令和新版のための「はじめに」

この本は2023年6月に出た『池上彰のやさしい経済学【令和新版】1　しくみがわかる』の続編です。前作は経済学の基礎・基本を解説しましたが、この本は、それを受けて、日々の経済ニュースが理解できるような内容にしました。この本だけ単独で読んでいただくこともできます。

たとえばインフレという用語がしきりに聞こえるようになりました。これまでは、もっぱらデフレという言葉ばかりだったのですから、様変わりです。

私のように1960年代から70年代に青春を過ごした世代には、物価は上がるものという常識がありました。インフレが続いていたのです。物価の上昇と聞くと、「生活が苦しい」という印象を受けるでしょう。たしかにその通りではあったのですが、その半面、給料も毎年上がり続けていたので、将来への不安というのは、いまほどではなかったように思えます。

しかし、バブルがはじけて以降は、すっかりデフレが定着しました。デフレとは、物価が恒常的に値下がりしていくこと。いいことのように聞こえますが、物価が下がるということは、給料も下がる可能性が高くなります。給料が下がったら、「買い控えしよう」という気持ちになりますね。結果としてモノが売れなくなってしまいます。

このデフレから脱却しようと、日本銀行は金融緩和を進めました。その結果、円安が進み、輸出産業にはプラスになりましたが、輸入品は値上がりします。

私は２０２２年秋にアメリカに取材に行ったのですが、ニューヨークのラーメン店で豚骨ラーメンと餃子を頼んだところ、チップ込みで５４００円もかかってしまいました。ホテル代も目玉が飛び出るほどで、経費のかかること！　これでは海外旅行を躊躇してしまいます。私は大学生諸君に、「学生時代に海外を見ておけ」と勧めているのですが、こんな円安では、それもためらわれます。

でも、その一方で円安ということは、インバウンドつまり海外からの旅行客にとっては、「日本は何でも安い」となりますから、大勢の外国人観光客が来るようになりました。これは経済にプラスになります。

では、こうした円安になった要因の金融緩和は、どのように行われているのでしょうか。日銀の金融緩和の手法を知ることで、金融がどのようなものなのか、日本銀行はどんな仕事をしているのかを理解できるようになるのです。これを知っていれば、金融の仕組みを知らない人に自慢できることですよ。

さきほどデフレはバブルがはじけて以来のことだと言いましたが、では、そもそもバブルとは何か。なぜバブルが起きたのか。こうした少し前の歴史を知ることで、私たちは、いま生きている現在地を把握できるのです。

バブルはどうしてはじけたのかを知ると、そこには庶民の怨念に押された政府がバブルつぶしをしたからだということが見えてきます。いまになってみると、バブルのつぶし方に問題があったのではないかということもわかってきます。

バブルは繰り返し生まれてははじけてきました。ということは、いずれまた生まれるだろうということです。日本ばかりではありません。中国もいま不動産バブルがはじけて、経済成長にブレーキがかかっています。「中国経済の日本化」という言葉まで生まれています。もし中国が、日本のバブルとバブルのはじけた要因を学んでいれば、こんな事態にはならなかったはずです。

日本経済と日々のニュース、そしてその背後にある歴史は切り離せません。失敗を繰り返さないためにも、私たちは知り、学ぶ必要があるでしょう。

2023年10月

ジャーナリスト　池上　彰

はじめに

毎日のニュースに出てくる為替相場。円高ドル安、ユーロ安…。いくらになれば円高で、どこからが円安になるのか、疑問に思ったことがあるのではないでしょうか。

過去の円高によって、輸出産業が打撃を受け、日本国内から脱出をはかる企業が出ました。これを「産業の空洞化」と言います。これにより、日本経済に悪影響が出ました。

円高の上に、日本はデフレが続いてきました。でも、インフレとデフレは、どう違うのでしょうか。デフレが悪いことのように言われますが、それはどうしてなのでしょう。

デフレ対策には日本銀行の金融政策が重要だと言われますが、金融政策と財政政策は、どう違うのか。

２００８年に発生したリーマン・ショックは、世界経済を大混乱に陥れました。きっかけは、アメリカの住宅バブルの崩壊でした。最先端の金融技術によって生まれた新しい金融商品が、世界経済を不安定なものにしたのです。いったいどんなしくみなのか。

日々のニュースは、こうした経済の用語があふれています。新聞を読んでも、なかなか理解できないことが多いのではないでしょうか。

そこで、この『池上彰のやさしい経済学』では、毎日登場する経済ニュースが理解できるように、経済学の基礎を1と2の二分冊に分けて解説しました。1を読んだ後で、この本を読めば、よりよく理解できると思いますが、この本だけを単独で読まれても理解しやすいようにしているつもりです。

この本は、２０１１年夏に私が京都造形芸術大学で客員教授として行った一般教養の集中講義「経済学」がもとになっています。授業の内容は、テレビ東京系列やＢＳジャパンで放送されました。

現在の経済状況に合わせて、一部加筆修正しました。

この本で取り上げている年金など社会保障の問題は、とりわけ学生の関心が高く、若者たちの危機意識に驚かされました。

と同時に、いまの若者たちが、日本の社会保障制度を知らないまま不安になっていることに気づきました。知らないから不安に思うことは、いくらでもあること。まずはよく知ることから始めなければなりません。

その点、授業では学生たちが活発に議論に参加してくれて、盛り上がりました。学生たちの参加があったからこそ、講義が成立し、この本も生まれることになったのです。学生に、そして大学当局の協力に感謝します。

2013年9月

ジャーナリスト　池上　彰

Chapter.1

インフレ・デフレとは何か

日本では長い間、デフレが続いてきましたが、
いま再びインフレの恐れがでてきています。経済の歴史を見ると、
インフレとの戦いが長かったのです。
キーワードは「合成の誤謬(ごびゅう)」です。
インフレ・デフレともに、人間の心理が大きく影響しています。
そのメカニズムを具体的に学んでいきます。

やさしい経済NEWS

世界インフレは「安い日本」を変える？

生活費のインフレ率は7倍に

（日米欧30カ国ベース、前年4月比）

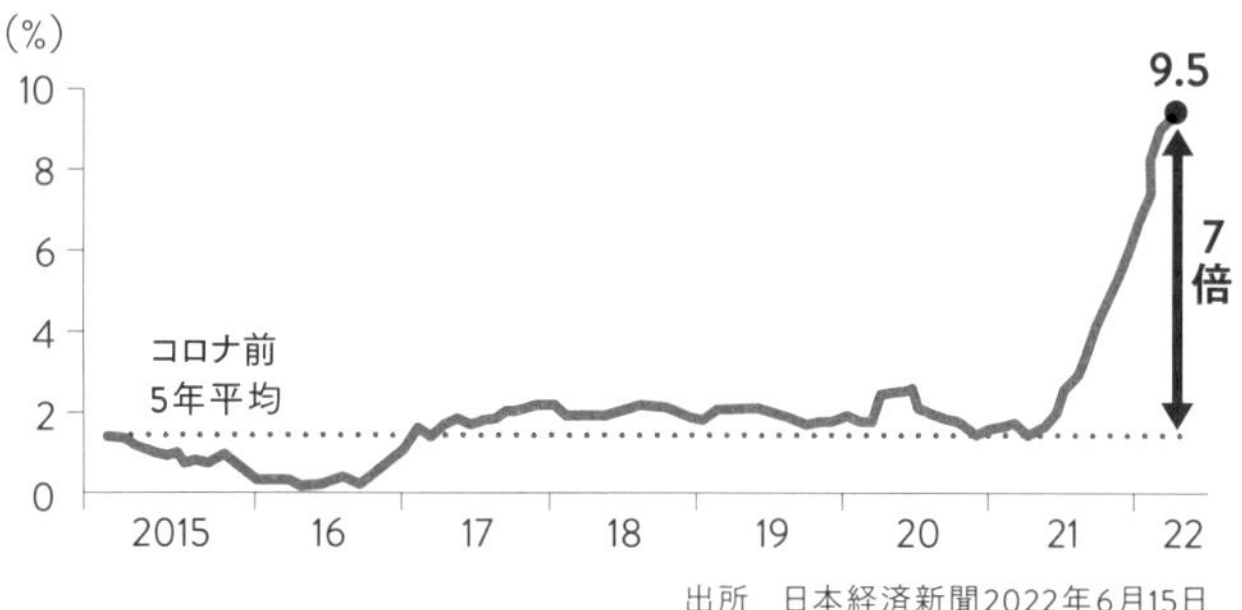

出所　日本経済新聞2022年6月15日

日本は賃金の伸び率が低い

（名目賃金、2020年12月〜23年5月の増減率）

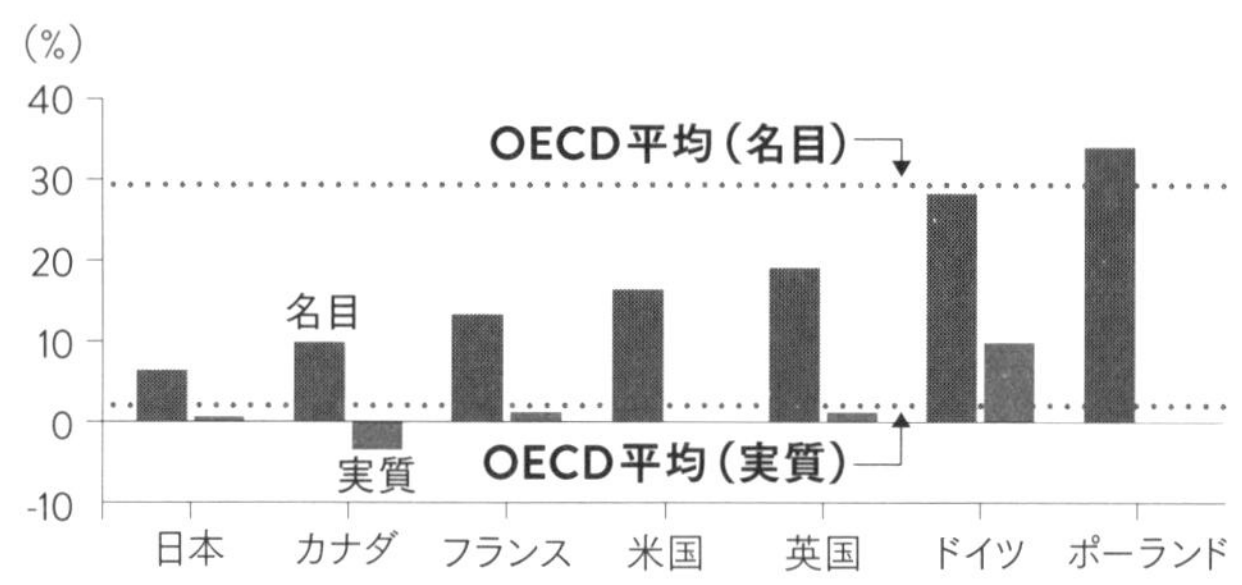

平均は米国除く29カ国の集計値。米国とカナダは加重平均

出所　OECD

世界インフレに伴って
世界の国々は平均して**賃金29%UP**
日本の伸び率は低いようだ。

デフレに苦しんできた日本経済

今回は、インフレとデフレを取り上げます。これまで日本では、ほぼ30年間、デフレの状態が続いて、なかなか終わらない、どうすれば脱却できるかという議論が続いてきました。デフレとは、物価がどんどん下がって、なかなか上がらない。持続的な物価下落のことです。収縮を意味する英語、デフレーションの略です。デフレは、ぎゅーっと縮んでいくイメージですね。

それが、ここにきて突然、変わってきたんですね。新型コロナウイルスによるパンデミック（世界的大流行）、ロシアのウクライナ侵攻などを背景に、世界中で物価が急上昇して、みんながびっくりしています。日本にも影響が及んできていて、デフレが終わり、反対にインフレがやってくるのではないかと心配しはじめたのです。

というのも、かつては、デフレよりもインフレのほうがずっと深刻な問題だとされてきました。１９７０年代には二ケタの物価上昇が続いたことで、主要国の政治家も経済学者もインフレの恐ろしさを警告し、対策に知恵を絞ったのです。**インフレは、どんどんモノやサービスの価格が上がってくる。持続的な物価上昇のことです。デフレとは反対に、わーっと広がっていく、膨張するイメージです。**若い人たちは、インフレとはどんな状態かを知らない人がほとんどなのではないかと思います。そこで、まずはインフレとは具体的にどんなことなのか考えていきましょう。
インフレには、実は人間の心理が大きく影響していることが見えてきます。

インフレとは持続的な物価上昇

インフレとは、どんどん物価が上がってくることを言います。次頁の図を見てください。ざっくりとしたイメージをつくりました。とにかく供給より需要が多いわけです。需要と供給の関係では、欲しいという人のほうが多ければ、ものの値段は上がりますよね。いったんものの値段が上がると、さらに上がるかもしれないからいまのうちに買っておこうという人が殺到します。結果的にさらに需要が増え、またものの値段が上がる。そしてまた、さあ大変だ、いまのうちに買っておこうという状況になれば、お金の流れがどんどん活発になっていきますよね。
経済全体が膨らんでいくイメージ、これがインフレです。

デフレとは持続的な物価下落

次は**デフレ**のイメージを見ていきましょう。今度は需要に比べて供給のほうが多い。ものが売れない。いったん売れない状態になると、企業は何とかものを売りたいので

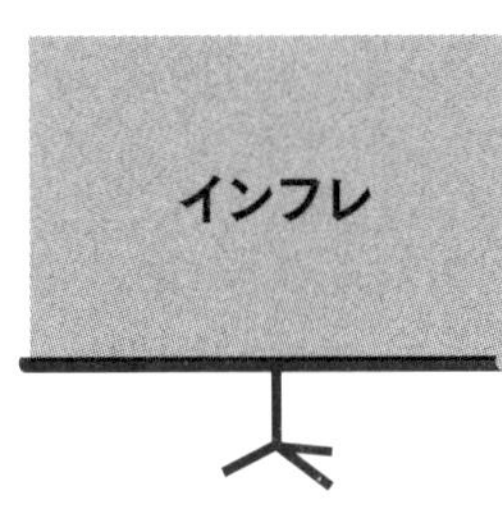

インフレーションの略称。物価水準が持続的に上昇する現象のこと。

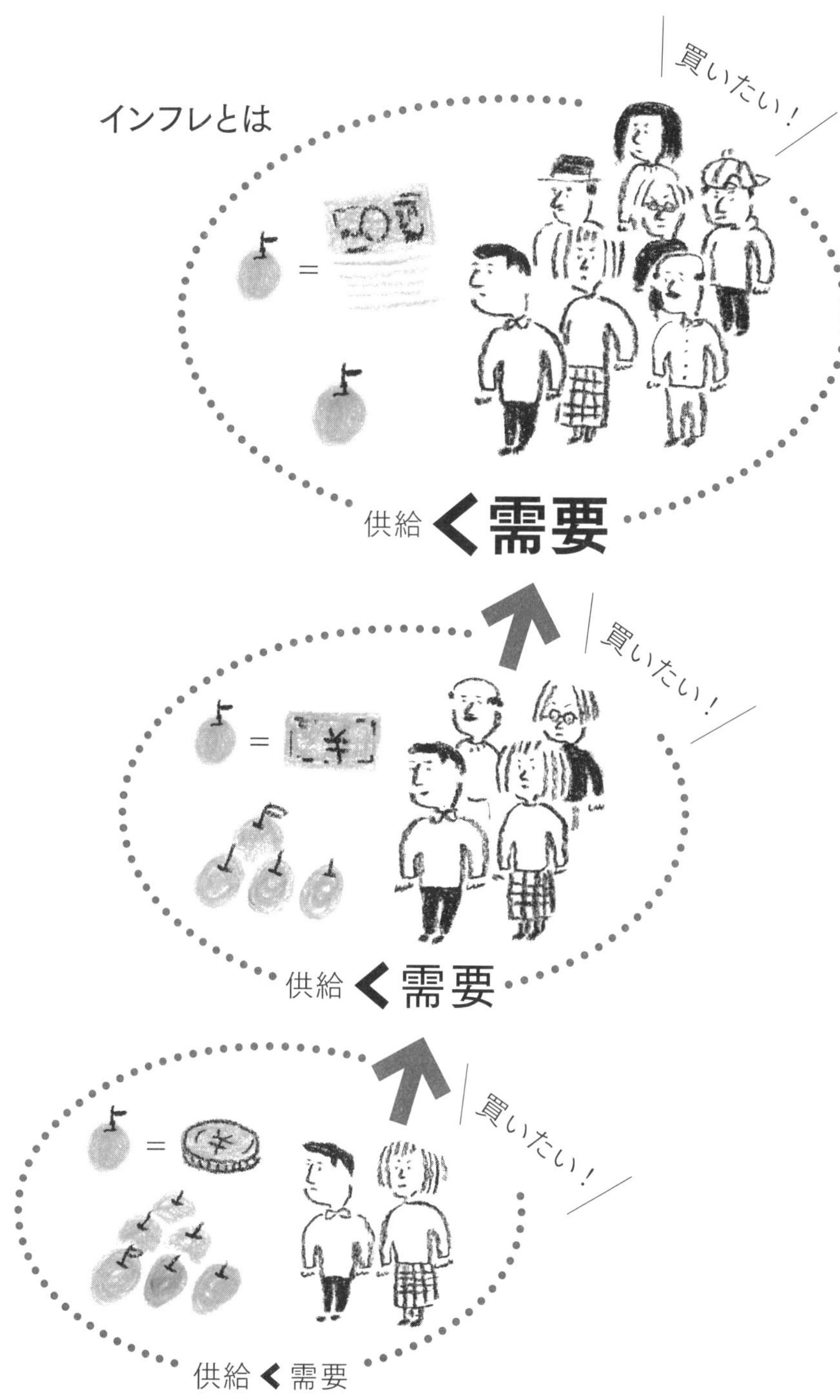
インフレとは
買いたい！
供給 < 需要
買いたい！
供給 < 需要
買いたい！
供給 < 需要

商品の値段を下げます。そうすると、商品が売れても利益は減りますよね。利益が減れば、企業は社員の給料を減らします。企業の社員も消費者ですから、給料が減る、ボーナスが出ない、じゃあものは買わないよと買い物をしなくなります。するとまた、商品を売ろうとする企業は値下げせざるを得ません。

たとえば自動車の値下げを考えてみます。自動車を値下げすれば、組立工場でも利益が減っていきます。それなら部品を値下げしてもらおうと、部品工場も値下げをさせられる。町工場などがそれぞれ値下げをすると利益が減るから社員の給料が減ります。そうすると社員も、消費者として買い物をしなくなる。**みんながどんどんものを買わなくなり、経済活動が縮んでいく**。これを**デフレ・スパイラル**と言います。スパイラルというのは、らせん階段のようなものです。らせんのようにぐるぐる落ち込んでいってしまう、沈んでいってしまう、これがデフレのイメージです。

みんなが同じ行動をすると、合成の誤謬が起きる

インフレとデフレのイメージは、ざっくりと理解できたでしょうか。それでは、もう少し具体的に考えてみます。

たとえば、欲しいものがあったとします。価格は100万円です。この値段が来月は110万円、その翌月は120万円に上がっていくとわかっていたら、安い今月の

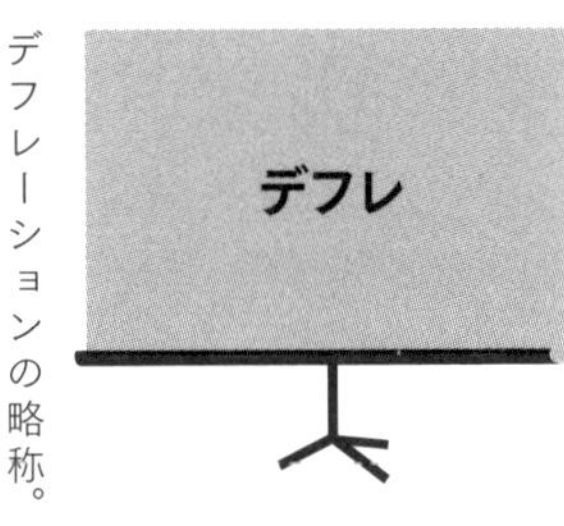

デフレーションの略称。物価水準が持続的に下落する現象のこと。

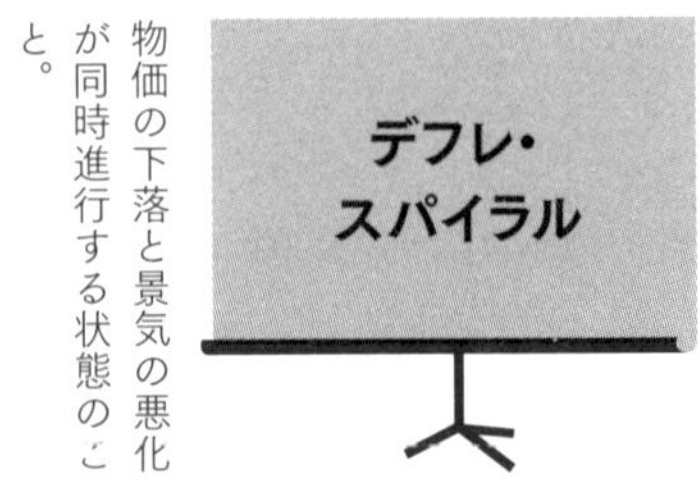

物価の下落と景気の悪化が同時進行する状態のこと。

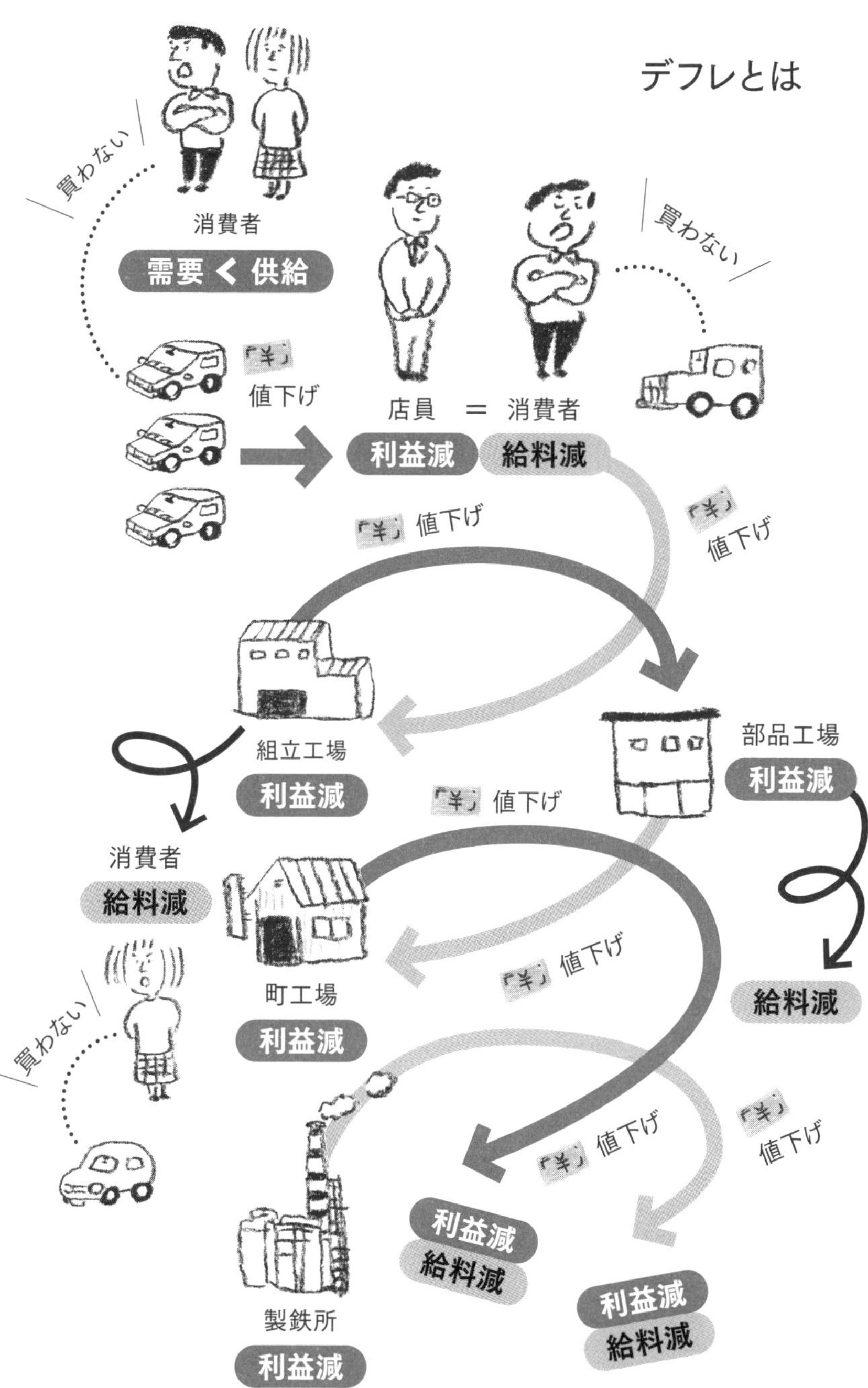
デフレとは
買わない
消費者
需要 < 供給
「¥」
値下げ
店員 = 消費者
利益減
給料減
買わない
「¥」 値下げ
「¥」 値下げ
組立工場
利益減
部品工場
利益減
「¥」 値下げ
消費者
給料減
町工場
利益減
「¥」 値下げ
給料減
買わない
「¥」 値下げ
「¥」 値下げ
利益減
給料減
利益減
給料減
製鉄所
利益減

うちに買おうとしますよね。そうやってものがたくさん売れると、生産が追いつかなくなります。値段を上げても売れるから、ものの値段はどんどん上がっていく。値段が上がっていくほど、みんな早く買おうとする。

インフレでものの値段が上がっていったとき、私たちが本来やるべきことは、みんなが買うのをぐっと我慢することなんです。そうすれば需要がおさまりますから、物価の値上がりもおさまったり穏やかになったりします。でも安いうちに買うことを我慢するなんて、なかなかできませんよね。結局みんな一人ひとりが早く買おうとする。お金を貯めるよりも使おうとするわけです。自分だけが早く買えば得をするかもしれませんが、みんな同じことを考えます。

みんなが同じことをやると何が起きるのか。たとえば、サッカー観戦でみんなが座っているときに、1人だけ立ち上がるとよく見えますね。でもみんなが同じことを考えて一斉に立ってしまうと、結局みんなが以前よりも見えなくなってしまいます。これを**「合成の誤謬（ごびゅう）」**と言います。誤謬というのは誤りという意味です。**一人ひとりにとっては良いことが、全体でみると、思いがけない不都合を招いてしまう**。インフレになってみんなが同じ行動をすることによって、どんどん値段が上がっていってしまうのです。

デフレはその逆です。売れないからどんどん商品の値段が下がっていく。100万円のものが来月90万円に値下がりするということがわかっていたら、1カ月くらい買

合成の誤謬

個人が合理的な行動をとっても多くの人が同じ行動をとることによって、全体としては悪い事態になること。

うのを我慢しますよね。またその翌月、「次の月まで待てば85万円になりそうだ、じゃあもうちょっと待とうか」とみんなが買うのを待つと、ものの値段がどんどん下がっていきます。これもまた合成の誤謬ですね。でも来月まで待てば値段が下がることがわかっていれば、誰も高いうちに買いませんよね。

もともと経済学では、一人ひとりの人間が合理的な経済活動をすることを前提にしていました。できれば値上がりする前に買いたい、値下がりしてから買いたいという行動をみんながとります。その結果、いったんインフレになると、ものの値段がどん

1人だけ立ち上がるとよく見えるが、
みんなが立つと前より見えなくなる

どん上がっていく。デフレになると、ものの値段がどんどん下がっていくという状態になり、そこから脱出するのが大変難しくなるのです。

戦後の日本でインフレが長く続いた2つの理由

日本は戦後長い間、インフレに悩まされてきました。つまり需要が非常に多かったのです。貧しかった戦後の日本は経済が豊かになっていって、どんどん給料が増えた。給料が増えると、いろいろなものを買いたくなりますよね。かつて日本ではクーラー、マイカー、カラーテレビのことを**3C**と言いました。

給料が上がったらカラーテレビが欲しい、暑い夏はクーラーが欲しい、マイカーが欲しいとみんなの欲望に火がつき、一生懸命働いて買う。自動車でもクーラーでも、売れればメーカーが儲(もう)かり、また社員の給料を増やす。給料の増えた社員がまた欲しいものを買い、それがどんどん拡大していく。いまの中国がそうですね。このような状況では供給よりも需要のほうが多くなり、ものの値段がじりじりと上がっていくインフレになります。

日本でインフレが続いた理由はもう一つあります。1973年の**第四次中東戦争**です。この戦争により、中東の国々から石油が買えなくなるのではないかという恐怖が世界中に広がりました。日本では高い値段で石油を買わざるを得なくなり、重油やガ

●**3C**
クーラー、マイカー、カラーテレビの英語表記の頭文字をとってこう呼ばれた。

●**中東戦争**
パレスチナをめぐるイスラエルとアラブ諸国の戦争。1948〜73年の間に4度起きている。

ソリンの値段が上がったために多くのものの値段が上がり始めました。

まず、重油の値段が上がると、海外からものを運ぶタンカーの燃料代が上がります。ガソリンが上がれば、国内でものを運ぶコストも上がります。メーカーから商店までものを運ぶコストが高くなるわけですから、その分商品も高くなりますよね。

このときはさまざまなものの値段が上がり、狂乱物価と言われるほどの激しいインフレが起きました。１９７４年には１年間で物価の上昇率が20％を超えました。１万

池田勇人総理の所得倍増計画

1960年代、日本全体が物質的に豊かになり、人々の生活に大きな変化がもたらされました。その牽引者となったのが当時の池田勇人総理です。「設備が増えると、生産が伸びる。生産が伸びれば所得が増加する。所得が増加すれば減税をする。減税をすれば貯金をする」という雪だるま式の考えのもと、1960年に国民所得倍増計画を発表しました。当時13兆円だったGNP（国民総生産）を10年後には倍にする計画を打ち出したのです。鉄鋼や石油化学などの素材産業が経済を飛躍的に成長させ、その計画は7年目にして達成されました。そして1968年には、日本は世界第2位の経済大国へと発展したのです。

円のものを買おうとして1年間待つと、1万2000円になるような状態だったのです。敗戦後の混乱期にしか見られなかったような高騰が起きました。

インフレには2種類ある

このように、**インフレには需要が引っ張ることによって物価が上がっていくものと、コストが押し上げられることによって物価が上がっていくもの、大きく分けてこの2種類があります。**需要が増えて、ものの値段が上がっていくことを**「ディマンド・プル・インフレ」**、一方、コストが上がることによってものの値段が上がることを**「コスト・プッシュ・インフレ」**と言います。

日本の高度経済成長時代は、みんながものを欲しがる「ディマンド・プル・インフレ」によって景気がよくなっていきました。ところが、1973年の第四次中東戦争をきっかけとしたオイルショック時には、さまざまなものの値段がどんどん上がり「コスト・プッシュ・インフレ」が起きたのです。

インフレは、ものの値段が上がっていくわけですからよいことではない

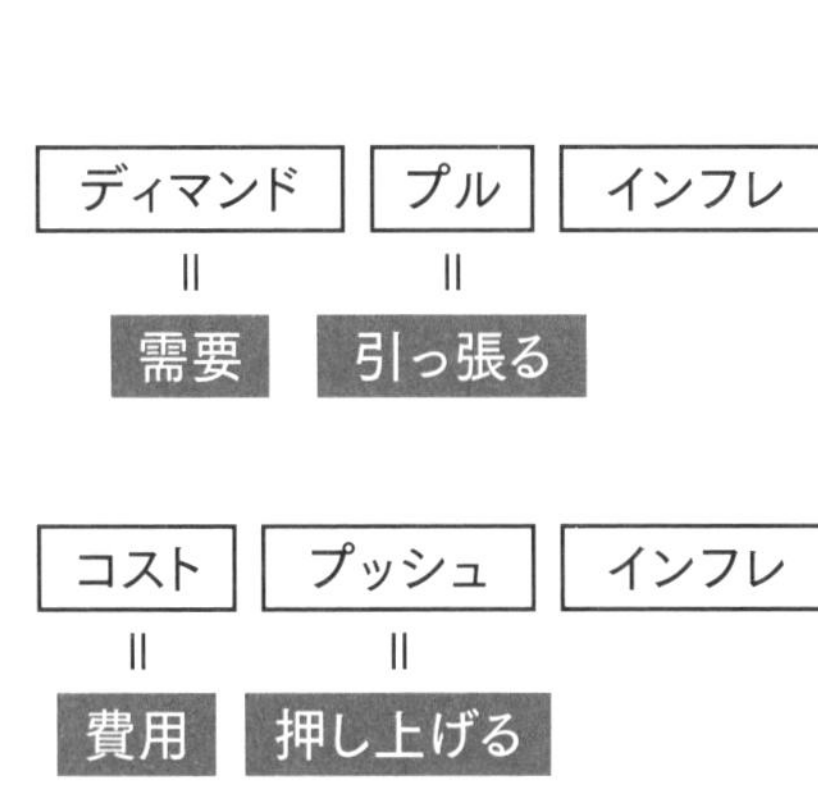

ですが、「ディマンド・プル・インフレ」は景気がよくなるという意味では、ある種よいインフレと言えなくもありません。「コスト・プッシュ・インフレ」は、みんなが欲しいと思っていなくても、ものの値段が上がるわけですから、悪いインフレと言えます。

2022年初頭から世界を襲ったインフレの波は、日本にも流れ込んできています。先進諸国では、約40年ぶりの高い物価上昇率を記録したのです。その背景には、コロナ危機からの景気回復が進む中で、需要が急拡大してきたことがあります。そこに、物流網の寸断や人手不足でモノの供給が減少したことなどが重なります。さらに、ウクライナ侵攻による食料や資源不足も拍車をかけているようです。

消費者物価指数のつくり方——家計調査と指数品目

さて、インフレでものの値段が上がると言いましたが、インフレ率はどうやって出すのでしょうか。これは国の総務省統計局が**消費者物価指数**というものを計算して、前年よりどれくらいものが値上がりしたか、その割合を見ています。消費者物価指数がどんどん上がっていけばインフレ、下がってくれればデフレということになります。

消費者物価というのは、要するに私たちが買うモノやサービスの値段のことです。おにぎり一個といった個別の商品の価格の変動ではなくて、物価とは、その国の経済

消費者物価指数
（CPI）

毎月1回発表される消費者物価の動きを表す指数。基準年を100とした指数で表す。

オイルショック

1973年11月、主婦たちがトイレットペーパーを求め、スーパーに殺到しました。この「もの不足」は日本を襲ったオイルショックによって起こりました。その発端は、中東のエジプトとシリアがイスラエルを奇襲攻撃した第四次中東戦争です。この戦争をきっかけに、アラブ諸国は石油を武器に使い始めました。

OAPEC（アラブ石油輸出国機構）は原油産出量を毎月5%ずつ削減することを発表しました。またOPEC（石油輸出国機構）が原油の価格を128%引き上げたことによって、西側先進国は大打撃を受けました。日本では石油製品をはじめ、商品が一斉に値上がりし、激しいインフレになったのです。

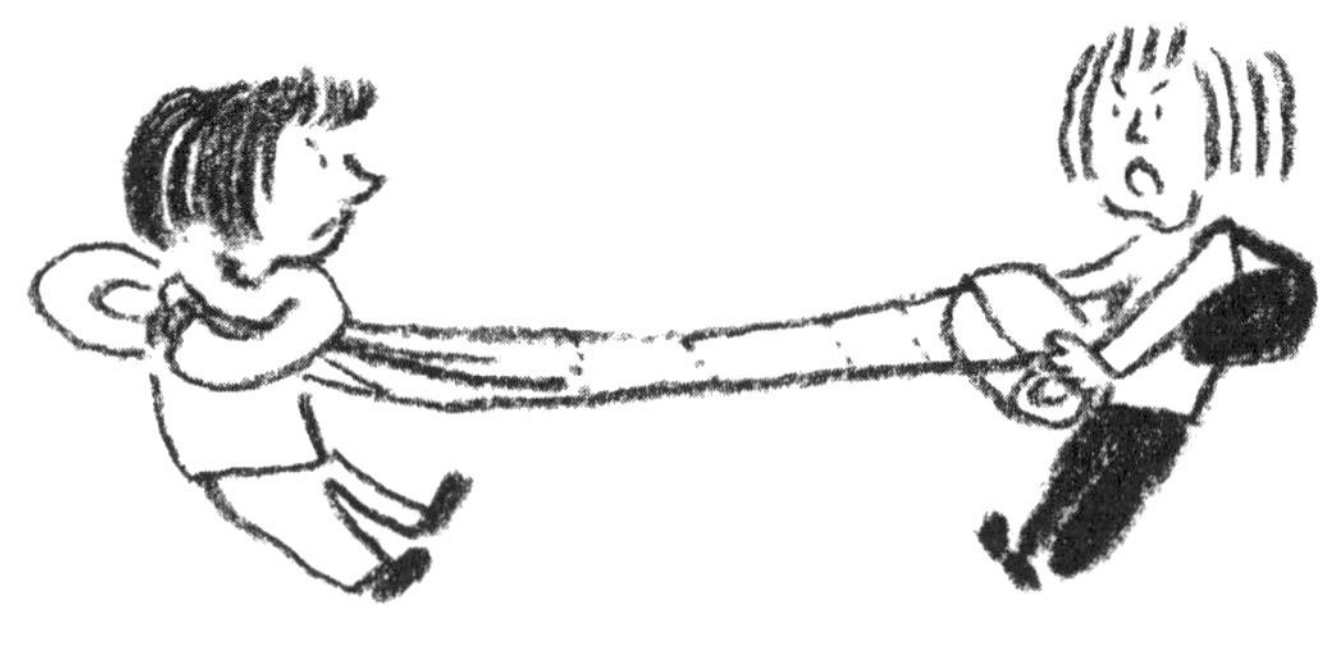

全体で、モノやサービスの価格がどう動いているかを示すデータなのです。物価にもいろいろあって、企業同士の取引でいろいろなものを売ったり買ったりする物価を企業物価指数と言いますが、私たち消費者が買うものの値段が上がるか下がるかで見るのが消費者物価指数です。

それではその出し方を具体的に見ていきましょう。まずは全国から約９０００世帯を選び出して**家計調査**を行います。それぞれの世帯に調査員が訪問して、1カ月間家計簿をつけてくださいとお願いします。もちろんそんなに高くはありませんが謝礼も払われます。たとえば、ある日は大根1本いくらで買った、ほうれん草をいくらで買った、缶ジュースを2本買った、缶ビール３５０ミリリットルをいくらで買ったというのを全部つけてもらいます。そしてその９０００世帯の家計簿をもとにして、それぞれのものの出費比率を出していきます。

たとえばジュースに使ったお金は全体の何％なのか、ビールは何％なのかというかたちです。これによって日本の９０００世帯がどういうものを買っているのか、そこに使っているお金はいくらなのかという比率が出てきます。つまり、家計費全体に占める比重、ウエイトですね。

さらにその比率をもとに、その中でみんなが買っている代表的な品目を選び出します。これを**指数品目**と言います。買われている商品すべてを計算するのは大変ですから、多くの人が買っている商品とサービスを全部で約５８０選びます。この場合のサ

家計調査

統計法に基づき、総務省が実施。全国約９０００世帯に家計簿の記入を依頼し、毎日の収入と支出が一つひとつ記帳される。

ービスというのは、たとえば美容院代や交通費であるバス代などです。

次にその５８０品目について、それぞれの値段を調べます。たとえばカレールウならば、いろいろな商品の中からどこの会社のどのカレールウがいちばん買われているのかを調べ、そのルウの値段がいくらかをさらに調べます。菓子パンならば、どのパンがいちばん買われているのか、カレーパンかクリームパンか、あるいはドーナツなのか、それぞれの代表的な品目、具体的には企業の名前が入ってきます。それを選び出して全国で値段を調べます。このための調査が**小売物価統計調査**です。全国の市町村から１６７市町村を選んで調査員が毎月、小売店などに行って実際に消費者に販売している価格を調べます。棚に並んでいる商品の値段を全部メモしていきます。それをまとめて報告するというかたちで計算して

消費者物価指数の指数品目（抜粋）

穀類（米類）	うるち米	うるち米Ａ	うるち米Ｂ		
調理食品	サラダ	コロッケ	豚カツ	からあげ	ぎょうざ
飲料	果実ジュース	果汁入り飲料	野菜ジュース	炭酸飲料	乳酸菌飲料
理美容用品	電気かみそり	歯ブラシ	手洗い用石けん	ボディーソープ	洗顔料
婦人用洋服	ワンピース（春夏物）	ワンピース（秋冬物）	婦人用上着	スカート（春夏物）	スカート（秋冬物）
他の教養娯楽サービス	プール使用料	フィットネスクラブ使用料	文化施設入場料	テーマパーク入場料	カラオケルーム使用料

出所 総務省統計局

いきます。調査店舗は全国で約2万7千、調査する価格の数は、毎月約21万にのぼります。

このように、消費者物価指数は大変な手間をかけて計算され、さらに統計学的に処理されます。

ただ、この計算の際に使うモノやサービスへの出費の比率、ウエイトは5年ごとに見直すことになっています。改定まで同じ比率を使い続けるので、少し問題があります。実は、消費者が買い物するときのパターンは毎日、変化しています。新しい商品の人気が出て、古いものが売れなくなったりしますよね。そうした動きがすぐには反映されないので、物価の動きが日常の感覚からだんだんズレていくということが起きます。物価の測定には、そうした難しさもあることを覚えておくといいと思います。ちなみに、現在のウエイトは2020年の改定に基づいています。

かつてデフレは問題にされていなかった

このようにして算出した消費者物価指数が上がり続けていればインフレ、下がり続けていればデフレということです。日本は長年、消費者物価指数が下がり続けるデフレの状態にありました。ところが、２０２０年に始まった世界的なインフレの動きがだんだん及んできています。２０２２年度の生鮮食品を除く総合指数は、前年度比３％の上昇を記録しました。内閣府がまとめた経済見通し（23年7月時点）は、23年度の消費者物価（総合指数）の上昇率を2・6％と見込んでいます。このため、ようやくデフレから脱却できるのではないかという見方が強まっています。

ひさびさのインフレ襲来に、世界中がびっくりしました。しばらく前まで、長期デフレの日本ほどではなくても、欧米の主要先進国でも物価があまり上がらない状態が続いていました。この状態が行き過ぎると、景気に悪影響が出て、不況に陥りかねま

家計調査の実態

近年、9000世帯の家計調査が非常に難しくなっています。自分のプライバシーをほかの人に知らせるのはいやだと言って、調査を断る人が増えてきているのです。つまり、自分のところで何をどれだけ買ったのかだけではなく、1カ月の収入はいくらで借金はいくらかなんていうことまで書かなくてはならないからです。そのため、正確なデータを出すのが非常に難しい状態になっています。

せん。このため、研究者や政策担当者は、この状況をどう改善しようかと心配していたのです。だから、しばらく遠のいていたインフレがまたやってくるとは、あまり考えていなかったのですね。

ネットショッピングの価格も調査

以前は、ネットショッピングでの価格などは調査対象になっていませんでした。小売店などが消費者に販売している価格を直接、調べるのが原則だからです。しかし、最近ではインターネットを使った買い物も増えてきており、このルートでの価格の動きも見るようになりました。全国の主要な家電量販店などのオンラインサイトなどで販売された製品のPOS（販売時点情報管理）情報を使って、テレビ、ビデオレコーダー、パソコン、タブレット端末、プリンタ、カメラの販売価格を調べています。また、各社のウェブサイトから必要な情報を抽出する「ウェブスクレイピング」という手法で価格を収集していて、航空運賃、宿泊料、外国パック旅行費などの価格の動きも指数に反映できるようになってきています。

［補足講義］❶

時代によって変わる指数項目

たとえば、2020年の基準改定では、シリアルやアボカドが新たに品目に入りました。いまは朝食などに食べる人がけっこう増えてきたからですね。また、調理の仕方が変化してきたことを反映して、味付け肉やカット野菜なども新たに加わりました。逆に、消えていったのが、ミシンや電気こたつ、ビデオテープレコーダー、固定電話機、ビデオカメラなどです。かつては、どこの家にもあったような品目が、指数品目に入らないほど買う人が減ってしまったといったライフスタイルの変化が反映されるわけですね。

ただ、品目、ウエイトの見直しは5年ごとなので、最近売れているものがなかなか入らないということはあります。しかも、月次調査なので、日々の物価の動きを正確に測っているわけでもないんですね。ウエイトの変化がわからないと、急な物価変動を過少評価したり、過大に見積もったりする恐れがあるといいます。このため、総務省統計局の指数とは別に、日々の消費行動を正確に反映する、新しい物価指数をつくる試みもはじまっています。全国のスーパーなどのPOS（販売時点情報管理）レジのデータから算出した指数を使って、日々の物価動向を分析できるようになってきています。活用すれば、早めにインフレやデフレの兆しを見つけて、物価変動をうまく抑えられる可能性もありそうです。

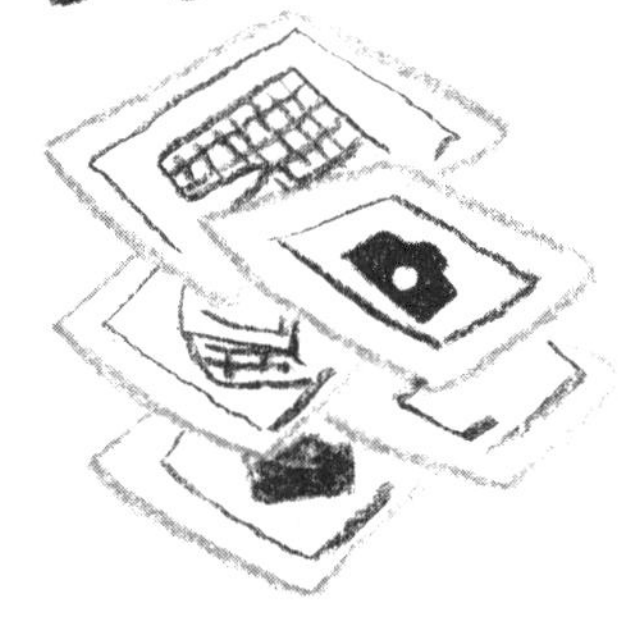

深刻なインフレが起こった第一次世界大戦後のドイツ

先進国では遠のいていたとはいっても、インフレとの戦いがいかに大変かについては、歴史の教訓が数多く残っています。過去、インフレによって大変な事態が世界のあちこちで起き、いまも起きているからです。典型的なのが第一次世界大戦後のドイツです。ドイツと仲の悪かったフランスは、戦争で負けたドイツから徹底的に**戦時賠償金**を搾り取ろうとして、ドイツがとても払えないような金額を取り立てました。このときにイギリスの経済学者ケインズが、そんなに高額の賠償金を請求したらドイツ経済が崩壊して大変なことになるからやめるべきだと助言しましたが、フランスはその助言を聞き入れませんでした。

ドイツは賠償金を払うと資金不足になり、ドイツの中央銀行は大量にお札を刷りました。中央銀行が勝手にお札を刷るわけではなく、ドイツ政府が国債を大量に発行し、その国債を一般の人に売らないでそのまま中央銀行に売りつけたのです。中央銀行は引き取った国債の金額の分だけお札を刷って政府に渡しました。政府はどんどん国債を発行すればお札が手に入るわけですから、そのお金で国内の支出をまかないました。

でもお札をどんどん刷ってもそれに見合うだけの生産がありませんよね。ここも需要と供給の関係です。モノの供給量が少ないとモノの値段が上がっていきますよね。

●**戦時賠償金**
1919年にベルサイユ条約が調印され、フランスの要求により、ドイツは莫大な賠償金を負担した。

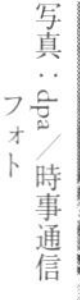
写真：dpa／時事通信フォト

価格が下がったマルク紙幣。これ全部で1米ドルに相当。

一方で、お札に対する信頼は失われて、お金をモノに換える動きが強まります。このようにしてドイツでは猛烈な勢いでインフレが起きました。これは、その原因から「紙幣インフレ」、その激しさから「**ハイパーインフレ**（超インフレ）」と呼ばれます。「スーパー」ではなく「ハイパー」です。たとえばパン1個が1兆マルク。とにかくお札の印刷が追いつかないので、このときは100兆マルク紙幣まで発行されました。

激しいインフレをきっかけに、また戦争が起こった

これほどものの値段がどんどん激しく上昇した結果、喫茶店でコーヒーを飲んでいる30～40分の間にもコーヒー代が上がるということまで起きました。日本でいうリヤカーのようなものにお札を山のように積み上げて、それを持って行ってようやくパン1個と交換できるという状態だったのです。

そうなると、ものの値段が上がる前に買ったほうがいいということになりますよね。当時ドイツでは給料日の朝、労働者の妻たちが工場の前に列をつくりました。夫が給料をもらうとすぐにそれを妻に渡し、妻たちはその給料を持って直ちにお店に殺到して買い物をしました。夜まで待っていたら、ものの値段が上がってしまう。翌日になったらさらに上がってしまうわけです。みんながそんなことをやっていたらどうなりますか？　**合成の誤謬**（ごびゅう）ですね。これによってものの値段がさらにどんどん上がってい

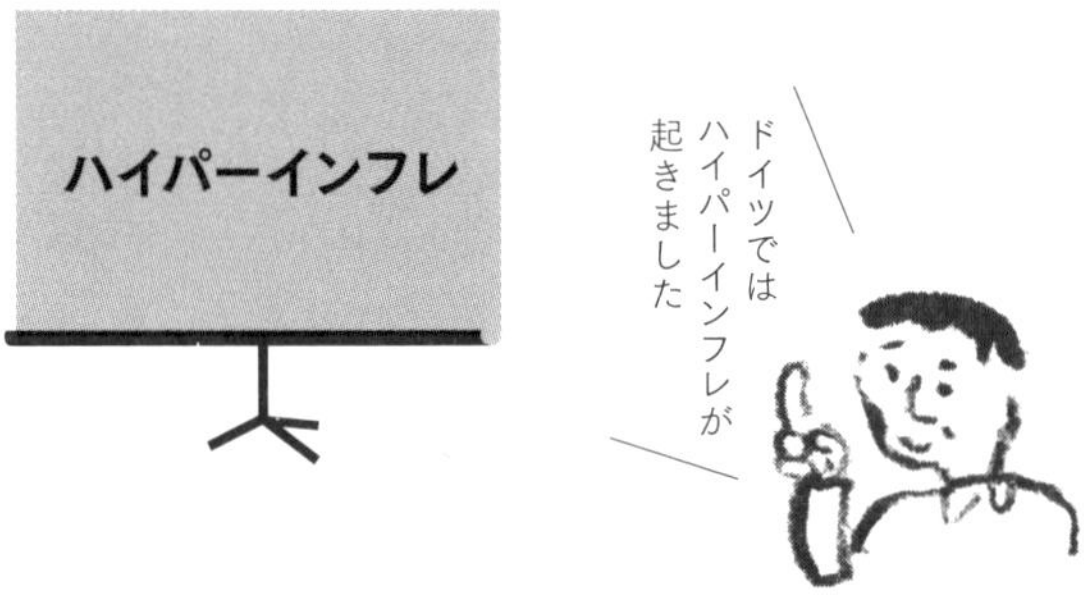

ドイツではハイパーインフレが起きました

ハイパーインフレ

物価がきわめて短期間に数倍、数十倍になるような激しいインフレのこと。

く。こうしてドイツの経済は大混乱となったのです。

この大混乱の中からナチスドイツのヒットラーが台頭し、やがてドイツはヒットラーの下で公共事業をしたり戦争の準備のために兵器を大量につくったりして経済を立て直していきます。それによって軍事力を持ち、またフランスに攻め込むということが起きたわけです。フランスはドイツが二度とフランスに攻め込めないように高額の戦時賠償金を押しつけましたが、その結果またドイツの侵略を受けることになりました。ケインズの助言を聞いていれば、第二次世界大戦は起きなかったかもしれないのです。

第二次世界大戦でまたドイツが負けましたが、この教訓からヨーロッパの国々はドイツに対し前のような賠償金を請求しませんでした。むしろドイツの経済を立て直す手伝いをしました。ドイツの経済が順調に回復することによって混乱を避けることができ、戦争も起こらずに済んだのです。

デノミでインフレが解消する

このときドイツでは何とかインフレをおさめようと**デノミ**を実施しました。1兆マルクを新しい1マルクに変え、通貨単位を1兆分の1に切り下げたのです。いままで1兆マルク払わないと買えなかったものが、突然たったの1マルクとなった瞬間、心

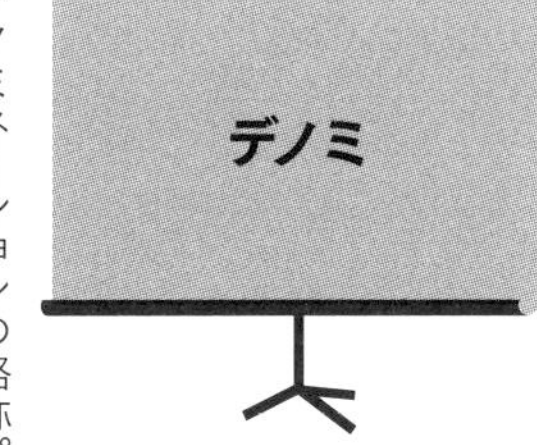

デノミネーションの略称。通貨の呼称単位を切り下げること。インフレによって商品の金額表示の桁数が増えすぎた場合に実施される。

理的にインフレで大変だ、大変だという気分が一挙になくなりました。新通貨レンテンマルクの発行による急速なインフレ収束は「レンテンマルクの奇跡」と呼ばれています。

ものの値段がどんどん上がっていったはずが、単に通貨単位を切り下げただけなのに、何となくものの値段がものすごく安くなったような心理的な印象を受けるのです。ドイツはデノミによって一挙にインフレを解消しました。そのため、戦後も世界各地で激しいインフレになると、デノミを実施して一挙に国民の心理を冷やし、平常心に戻す試みがしばしば行われてきました。ただ、現代では、「奇跡」を起こすような劇的な効果は、そうそう現れないというのが実情のようです。たとえば、中南米のベネズエラでは、ハイパーインフレを抑えるために、何度もデノミを繰り返してきましたが、なかなかうまくいっていません。

北朝鮮のデノミ実施はインフレをまねいた

かなり前ですが、2009年に北朝鮮もデノミを実施しました。北朝鮮も何とか経済をよくしようとして、農民がつくったものを市場で自由に売れるようなことを少しやりました。これにより北朝鮮でも儲けた人とそうでない人の間に経済格差ができました。

このとき北朝鮮政府は、ウォン紙幣を自宅に大量にしまい込んでいる人たちがいる、この格差を何とかなくそうと考えてデノミを実施しました。突然それまでの１００ウォンを１ウォンに、１０００ウォンを10ウォンにすると言って、まったく新しいウォン紙幣を発行しました。そして古い紙幣と新しい紙幣を交換できる量を決めてしまいました。つまり一定額以上のウォンは新しい紙幣と引き換えることができなくなってしまったのです。金持ちが家にこっそり貯めていたウォン紙幣は紙屑（かみくず）となってしまいました。

せっかく貯めておいたお金がごく一部しか交換できなければ、大騒ぎになりますね。各地で暴動が起きたと伝えられています。あまりに国民が怒ったものですから、その後北朝鮮は古い紙幣と新しい紙幣を交換できる量を増やさざるを得ませんでした。

また北朝鮮は、デノミを実施すると給料の額が減ってしまう労働者が不満を持つだろうと考えて、お金の単位を１００分の１に切り下げたにもかかわらず、給料はこれまでの金額のままにしました。たとえば給料が５０００ウォンの場合、通貨が１００分の１になれば本来なら新しいお札で50ウォンになるはずですが、新しいお札でそのまま５０００ウォンを支払ったのです。実質的に労働者の給料を１００倍に引き上げたことになります。

さあ、何が起きたと思いますか。労働者の給料がいきなり１００倍になったわけですから、みんないろいろなものを買いたいと思いますよね。でも街に出回っている商

品の数は前のままです。供給はそのままで需要だけ突然爆発的に増えたわけですから、何が起きたかわかりますよね。とんでもないインフレが起きたのです。北朝鮮はそもそも所得格差を何とかしようとしてデノミを実施しました。その結果、かえってインフレになってしまい大混乱になったのです。

なぜ北朝鮮のデノミは失敗したのか

もし北朝鮮のデノミがうまくいっていたら、金正日（キム・ジョンイル）総書記の息子である金正恩（キム・ジョンウン）大将の功績として大々的にこれを売り出し、次の国家指導者にふさわしい人だと宣伝する予定になっていたと言われています。ところが大失敗をしたわけです。この失敗を金正恩大将がやったことにするわけにはいかないので、直接の事務を担当した人物が責任をとらされて姿を消しました。韓国の新聞は、公開銃殺にされたと報道しましたが、その真偽はわかりません。

北朝鮮の指導者は経済がよくわからないまま、単に格差をなくそう、金持ちの持っているお金は紙屑にしてしまえばいいんだと言ってデノミを実施し、さらに労働者のご機嫌をとろうと給料の額を変えなかったため経済が大混乱しました。

さらに言えば、北朝鮮はデノミをある日突然実施しました。突然、これが新しいお札ですよと通貨を切り下げました。実は北朝鮮の商人は中国との国境辺りで中国の商人とたくさん取引をしています。ところがあるとき突然北朝鮮の人たちが、これが新しいお札ですと持ってきたわけです。中国の商人にしてみれば、それが本物のお札なのか、一体いくらの価値なのかわからないから怖くて取引ができません。そのため取引が一時ストップしてしまいました。中国からものは入ってこないのに、給料が増えてお金があるから買いたい人は大勢いるという大混乱が起きてしまったのです。

財政難のジンバブエがとった政策

経済のことがわからないまま政治家が勝手な政策をとると経済が大混乱します。北朝鮮が一つのいい例ですが、ほかにも例があります。

アフリカに**ジンバブエ**という国があります。かつては南ローデシアというイギリスの植民地でしたが、１９８０年にジンバブエとして独立しました。有名なビクトリアの滝があることでも知られていますね。このジンバブエのムガベ大統領の経済運営がつたなくて、国

北朝鮮、経済より軍事に力

近年、北朝鮮は弾道ミサイルの発射を繰り返すなど東アジアの軍事的な緊張を高めています。デノミ後の2011年に最高権力の座に就いた金正恩氏は、経済面で成果を上げられないため、軍事力の誇示に力を注いでいます。当時から食料難などが続いていると指摘されていましたが、その後も状況は改善していないようです。最近は、国連安保理決議による国際社会の制裁に加え、新型コロナ対策で国境を閉じたことで、中国からの原料や燃料の輸入が減り、食料不足が深刻化、生産活動も停滞するなど孤立を深めています。

のお金が足りなくなると、その分お札を刷りました。そのお金で国は何でも買ってしまうのですから、当然インフレになります。

インフレになっていけば、商店主たちも仕方なくものの値段を上げていきます。もちろん国民の不満は高まります。困ったムガベ大統領は、商人がものの値段を高く吊り上げて儲けようとしているとして、商品の値段を上げてはいけないという命令を出しました。この命令を受けた商人たちは、ばかばかしくてものなんか売れるかということになり、お店の棚から商品がすべて姿を消しました。

その結果、食料品も含めお店に商品が何もないという経済の大混乱が起きたのです。高い値段で買ってくれるならこっそり売ってあげるよという闇の世界の経済が広がりました。

こうなると、ますますインフレが高まります。ムガベ大統領は、値段を上げてはいけないという命令を出せばインフレが止まると思ったのです。けれどもかえって値が上がってしまった。人間の心理や経済のメカニズムがわからないまま政治家が勝手なことをすると、大混乱が起きるといういい例です。これに対応するため、新しいジンバブエドルの発行と、デノミが何回か繰り返されました。それでも、物価の高騰に歯止めがかからなくなり、２００９年には中央銀行が１００兆ジンバブエドル紙幣を発行したんですね。

●ジンバブエ共和国
1980年にイギリスより独立。1987年よりムガベ大統領が就任。経済政策の失敗等によりインフレ、失業、貧困が続いていたが、2008年のハイパーインフレにより経済が完全崩壊した。なお、2019年にジンバブエドルは再導入されたが、単一通貨には至っていない。

ジンバブエのインフレ対策とは？

経済運営にうといムガベ大統領も、いろいろやってはみたのですが、何をやってもうまくいかなかった。それではこのとき何をしたと思いますか？　私ならこうすればいいという、誰かアイデアはありませんか。

学生A　お金を捨てる。自分たちのお金を燃やす。

お金がなくなるね。お金がなくなったらそもそも買い物できない。

学生A　ある程度燃やす。

どうやってお札を燃やす？　家捜しをしてお札を全部取り出して燃やしていく？

学生A　そうですね。

お札を燃やすというアイデアはいいけど、実行しようとすると大変だね。家に押し入ってお金を全部出せと言っても抵抗するだろうし、殺されちゃうかもしれないな。アイデアとしてはいいんだけど、実行するのに難があるぞ。

学生B　1世帯当たりの使えるお金を制限したらどうですか。

たしかにそういうやり方があるね。日本も終戦直後に実施しました。**円封鎖**と言って、銀行預金などの引出しを制限し、さらに引き出されるお金は新しい紙幣に変えるというやり方をとりました。ただし、日本は国の組織がしっかりしていたからできた。ジンバブエはとんでもない独裁者の下で大混乱していたから、現実問題としてできなかった。アイデアとしては正当なやり方だけれども、ジンバブエでは自然発生的な方向で解決しました。

学生C　たとえばアメリカドルなどほかの国の通貨を使うようにする。

正解、そのとおりです。

ジンバブエドルは信用を失い、誰も受け取らなくなってしまった。でもアメリカドルはとても信用があったので受け取る人たちが増えたため、結果的に主にアメリカド

●円封鎖
1946年にとられたインフレ抑制策。預金封鎖（引出し猶予）、旧円の発行停止措置に加え、新円を発行、1世帯月の預金引出し額を500円以内に制限した。

ルが通貨となりました。これによって、ハイパーインフレは沈静化したんですね。政府はジンバブエドルを廃止して、米ドルと南アフリカの通貨ランドを法定通貨に採用しました。インフレのために自分たちの国の通貨を放棄せざるを得なくなったんですね。

ジンバブエから見ればアメリカ経済はとても強くて、アメリカドルは世界で通用するという信頼があるからみんなそれを使う。だからジンバブエ国内ではアメリカドルでいくらという値段がついたのです。

つまり、**自国の通貨に対する信頼が失われていくこと、通貨の価値が下がっていくこと、これがインフレなんですね。**

表向きにはインフレというのは物価が上がっていくように見えますが、これをお金の側から見るとお金の価値が下がっていることになるわけです。たとえばいま1万円のものが来年1万2000円になる。1万2000円出さないと買えなくなる。物価上昇率20%、それはものの値段が上がったとも言えますが、逆に言えば同じものを今年は1万円で買えたのに来年は1万2000円も出さなければ買うことができない、つまりお金の価値が20%下がったとも言えるのです。

ちなみに、ジンバブエでの通貨の安定は長もちしませんでした。超インフレは一時的に収まったものの、その後も、数十から数百%の物価上昇が続くなど、ハイパーインフレの再来が心配されるような状況が続きます。2017年にムガベ政権が崩壊し

●ジンバブエの通貨
インフレの進行で制度が次々に変わった。2009年の複数外貨制で米ドルが主に使われるようになったが、さらに、2014年には、日本円、中国元、豪ドル、インド・ルピーが新たに法定通貨になった。2016年にはジンバブエ国内だけで流通するボンド紙幣も導入。2019年には再び、ジンバブエドルを唯一の法定通貨としたが、紙幣不足が起きて、2020年には米ドルを再び導入した。

た後も、インフレを克服できず、新政権は2019年に再び、ジンバブエドルを導入しましたが、さらに物価高騰が続き、為替レートの下落が止まらなくなります。2022年には、新たな対策として、国産の金を使った金貨を発行しましたが、どの程度、効果があったか疑問視されています。

日銀が目標を宣言してデフレ脱却を目指す

さて、ハイパーインフレは始まってしまうと進行を止めるのはなかなか難しい、ということがわかっていただけたかと思います。インフレあるいはデフレになったとき、何とかそこから脱出するための**「インフレターゲット（インフレ目標政策）」**という金融政策があります。その国の中央銀行、日本で言えば日本銀行が1年間の物価上昇率をこの程度にするように努力しますという目標を最初から国民に向けて発表し、そのために行う政策のことです。

これがうまくいくのかどうかは、学者によってさまざまな意見があります。そもそもインフレは人間の心理で動くわけですから、なかなかうまくいかないのではないか。一方で、たとえば1年間のインフレ率が10％のときにそれを3％以内に抑えるんだと国民に大々的に宣言すれば、物価の上昇率は3％程度におさまるんだとみんなが思ってくれて、ある程度効果があるのではないかという考え方もあります。実際に、

中央銀行が一定の物価上昇率の目標（インフレ目標）を数値で示し、その達成を優先する金融政策のこと。

世界では20カ国以上の中央銀行がこの政策を採用しています。1990年に世界で最初に採用したニュージーランドをはじめ、カナダ、英国、スウェーデンなどいずれの国もインフレの進行を目標の範囲に抑える狙いがありました。たとえば、いま8％のインフレ率を2年程度で2％以下に抑えるといった目標を立てて、努力するわけです。

日本では2013年春、この金融政策を、1990年代の半ばから続く慢性的なデフレを克服するのに使うことになりました。当時の安倍晋三首相が掲げた経済政策「アベノミクス」の柱の一つが、この政策でした。インフレターゲット論者であった黒田東彦氏が日銀総裁に就任して、2年程度で物価上昇率を2％に上げるという目標を掲げました。この政策を、インフレ対策ではなく、深刻なデフレに対して採用するのは世界でも初めてのことでした。そして、かつてないほど大量のお金を金融市場に供給し続ける「異次元緩和」が始まりました。そこには金融緩和によって円安を進めて、物価水準の上昇につなげようという狙いがありました。この異例の金融政策が10年以上にわたって続いてきたのですが、結局、つい最近まで、物価2％目標を達成できない状態が続いていたのです。実際、この金融政策がどの程度、デフレ克服に効果があったのかどうかという点については、これから検証しなければならない課題でしょうね。

インフレと失業率の関係

また、インフレと失業率には相関関係があります。次頁のグラフを見てください。縦軸が物価上昇率です。上にいけばいくほど物価の上昇率が高くなります。横軸は失業率です。右にいけばいくほど失業率が高まっていきます。物価上昇率が高くなると失業率は低くなり、物価上昇率が低くなると失業率が高くなるという相関関係です。これに気付いたイギリスの経済学者フィリップスの名前をとってこれを**「フィリップス曲線」**と言います。

つまりインフレになっていくときは、一般的には景気がいいので失業率が下がるし、逆に物価上昇率が下がっていくときは景気が悪くなってくるので失業率が高くなる。さらに言えば、物価が上がっても給料というのはすぐには上がりません。日本では毎年4月にこれからの給料をどうするか決めますよね。ということは、物価が上がった分だけ実質的には給料が少しずつ減っていくわけです。これは企業経営者にとって都合がいいことです。額は変わっていないのに実質的には給料が下がっている。その分多くの社員を雇うことができ、失業率が下がるのです。

フィリップス曲線

賃金上昇率（インフレ率）と失業率とのあいだに、反比例の関係があることを示す曲線。イギリスの経済学者フィリップスが1958年に提唱した。

インフレで困るのは年金や貯金で暮らす人である

では、インフレによっていちばん困る人は誰でしょうか。それは高齢者です。ビジネスパーソンは、インフレになっても給料はすぐに上がりませんが、やがて上がっていって、何とか稼ぎが追いついていきます。でもお年寄りは、それまで蓄えた預金や年金だけで生活をしています。日本の年金制度には**物価スライド制**というのがあって、物価が上がっていけば年金の額も増えていくというしくみにはなっていますが、物価の上昇は前年の消費者物価指数の数字が出て初めてわかることで、それに基づいて年金を引き上げます。それだけ年金が物価上昇に追いつくのは遅れます。そのため年金の実質的な受取額は下がるわけ

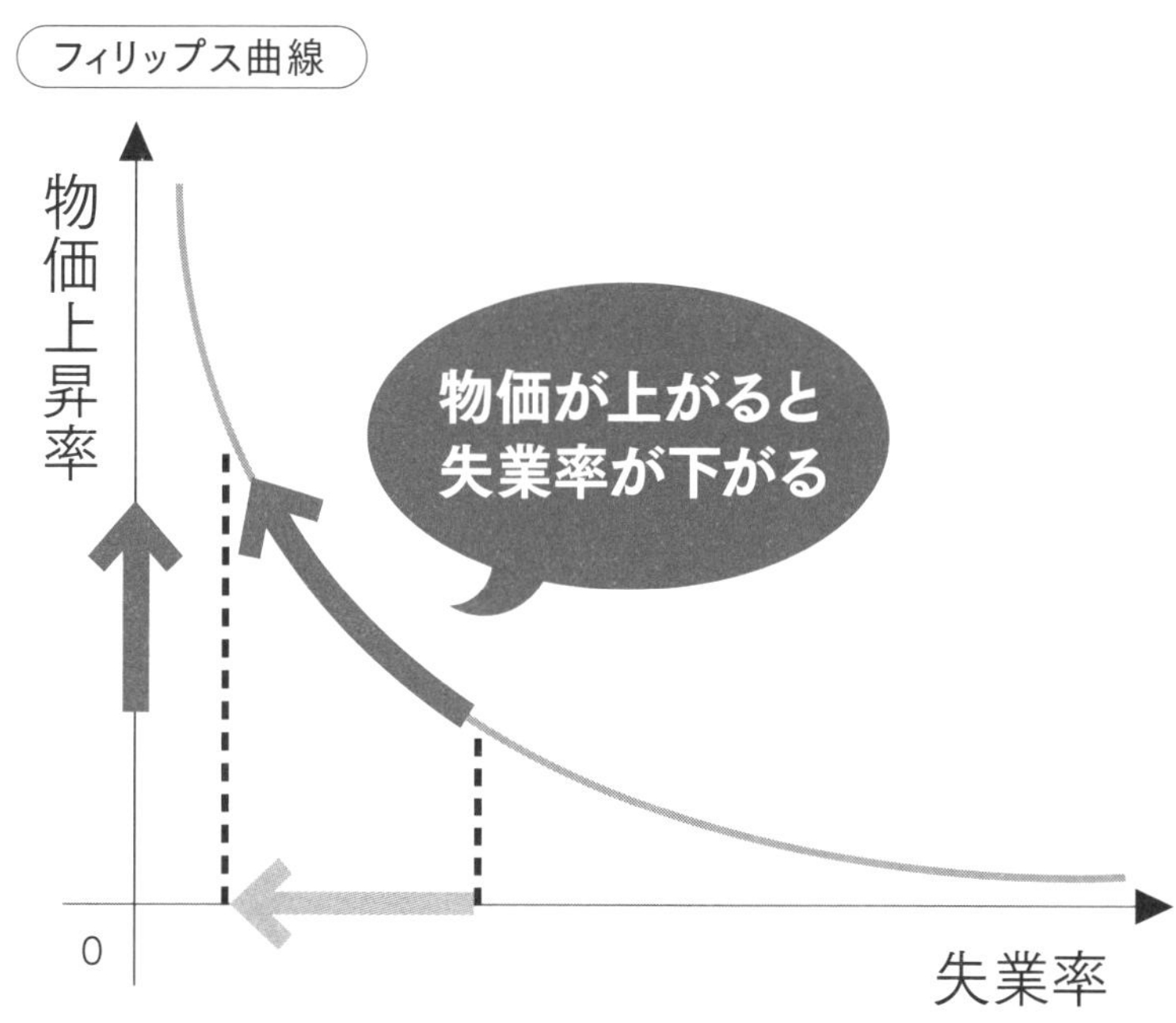

です。

預金も同じことです。インフレで今年1万円のものが来年1万2000円になるということは、いま1000万円の貯金があっても来年にはその価値が20％減ってしまうことになるのです。

このように年金や預金だけで生活する人にとって、インフレというのは極めて深刻な事態になります。これこそがインフレの大きな問題点であり、インフレになると大変だから何とかこれを抑えなければいけないということがこれまでの世界の常識になっていたのです。

●**物価スライド制**
年金額の実質価値を維持するため、物価の変動に応じて年金額を改定すること。

低金利でデフレが進むとどうなるか

ところが、日本ではバブル崩壊以降の1990年代から2000年代にかけて**デフレスパイラル**が起こりました。デフレでものの値段がどんどん下がると、いくら金利を下げても企業は投資をしなくなる、これが**ケインズの流動性の罠**(わな)でしたね。

流動性の罠によって金利が低い状態でデフレが進むと、一体何が起きるでしょうか。いま1万円で買えるものが来年9000円で買える。ものの値段が下がっていくということは、お金の価値が上がっていくということでもあります。厳密に言うと違いますが、わかりやすくするために、ここではお金の価値が10％上がっていると考えまし

●**ケインズの流動性の罠**
金利を引き下げ流動性が高まったにもかかわらず、先行きの不安から、景気が回復しないこと。

ょう。

銀行にお金を預けてもいまはゼロに近い利子しかつきません。銀行に預けないで家のたんすに置いておいても同じですから、やや乱暴な言い方ですが、何もしなくても来年はお金の価値が10％上がる、つまり利子が10％つくようなものです。

そうなると、企業はお金を借りて新しい事業に投資をしようという気が起きません。たとえば新しい工場をつくっても、その価値がデフレでどんどん下がってしまえば、投資したお金を回収するのが非常に難しくなるわけです。それなら何もしないで現金で持っているほうがいいということになってしまいます。

デフレで円の価値が上昇すると円高が進む

この日本の状況は、外国人の目から見るとどうでしょうか。日本経済はよくないけれど、日本はデフレだから円を持っていれば、表向きは金利がゼロに見えるけれど、実際には非常に高い金利がついているのと同じ状態です。それだったらドルやユーロを持っているより円に換えておいたほうがいいという人が大勢現れます。

これによって円高が進みます。円高が進めば、ものを輸出しようとしても高い値段になってしまうから、輸出がふるわなくなり経済が悪くなる。経済が悪くなるということはデフレが進む、また円高が進んでいくという悪循環に日本経済は陥ってきたの

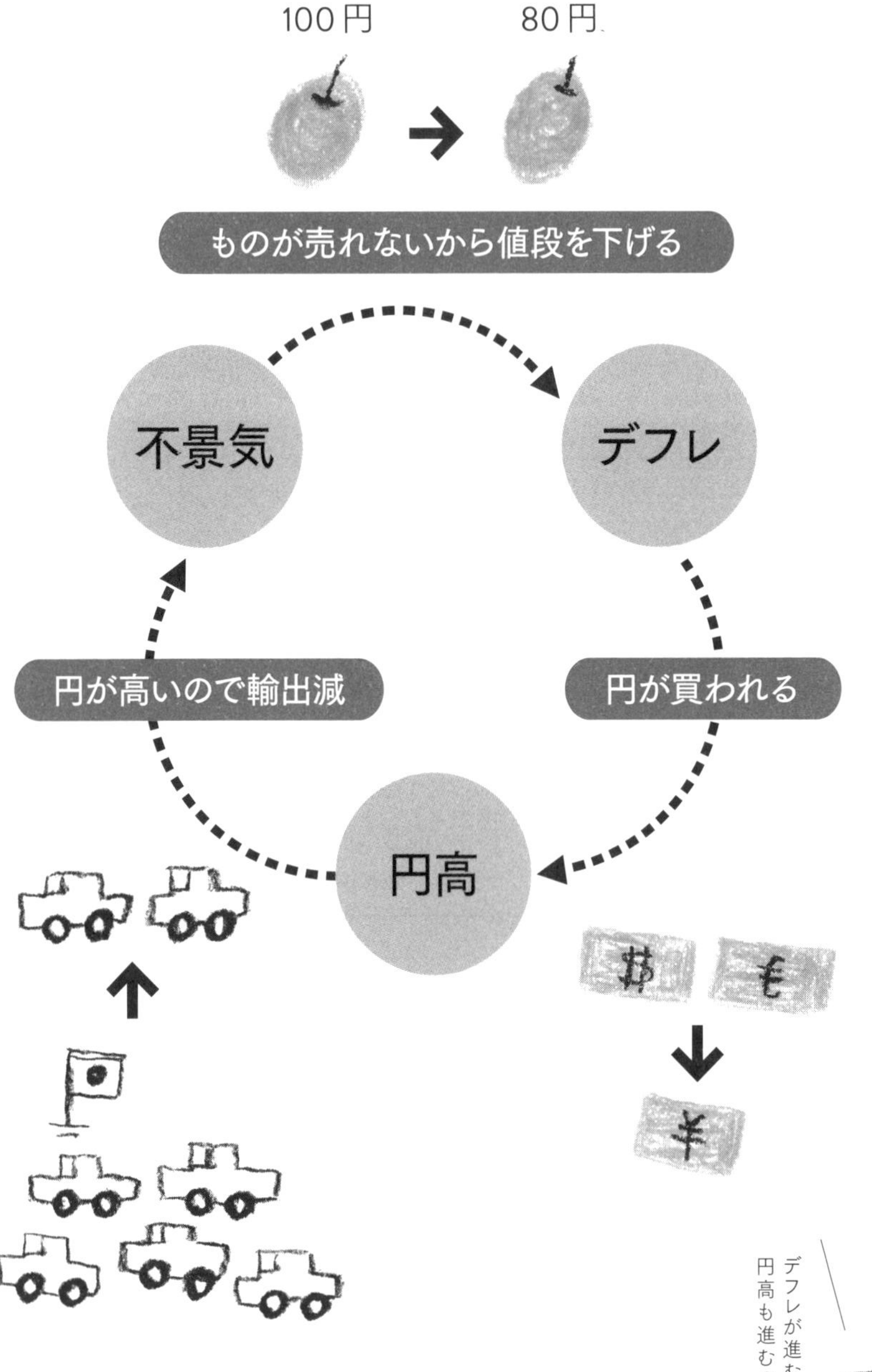

デフレが進むことで
円高も進むのです

です。

そうなると、お金はそのまま持っているのがいちばんという、貨幣に対する愛情、貨幣愛が強まっていきます。別の言い方をすると**流動性選好**でしたね。ものに投資しない、ものを買わない、お金で持っているのがいちばん安心なやり方、生活防衛のためにお金を使わないようになる。みんなが同じことをすれば、ものが売れないという**合成の誤謬**が起きることになります。日本経済がデフレでなかなか景気がよくならない。何となく閉塞感というか、見通しがつかないというのはこういうことなんですね。

こうしたデフレの悪循環はさらに続くのですが、為替レートについては、2013年に転機が訪れます。さきほど説明した黒田日銀による「異次元緩和」によって、短期金利だけでなく長期金利も低下していき、国内から海外への資金移動が促されます。つまり円をドルに替える動きが進んだのです。その結果、為替レートは反転して、円安方向に向かいました。金利があまりに低下したために、円の魅力が薄れてしまったのですね。ふつう、円安になると、輸出が増えて、景気を下支えするのですが、これ以降、以前のようには輸出が伸びずに、さらに円安が進むという流れになっていったのです。

●**流動性選好**
人々が他の資産よりお金（現金）を持ちたがること。

インフレ心理とデフレ心理

いま欧米では40年ぶりという高い物価上昇が続いていますが、インフレがそれほど急激ではなく緩やかに進んで、物価の上昇に合わせて、給料も少しずつ上がってくるのであれば、人々の気持ちは明るくなります。よく考えれば、インフレ率が高くなるということは、お金の価値が下がっている。だから、貯蓄をするよりも、消費や投資を増やした方がいいと思えるんですね。額面で給料がふえても実質的にはむしろ減っているかもしれない。でも給料の額が増えるとうれしいですよね。もっとがんばろうという気になる。それが適度なインフレの心理的な効果なんですね。

日本では、その反対の状況、デフレが長く続いてきたので、たとえば、18万円の給料が来年になると実質的に20万円の価値があるかもしれないということがあったんですね。これがインフレとデフレをめぐる心理なのです。

デフレ停滞で日本は「安い国」に

日本では30年近く、慢性的にデフレが続いてきたので、私たちは、物価がほとんど上がらない状態にすっかり慣れきってしまいました。モノの値段がはりついたように動かないことを、だれも不思議に思わないようになっていたんですね。**実は、この「失われた30年」の間に、いつしか、日本は世界の中でも、いろんなモノやサービスがとびぬけて安い国になっていたのです。**われわれが割高だと思う商品も、外国人にとってはお買い得になってきています。このごろ、街中で外国人の団体客が目立つ理由の一つは、日本で安い買い物ができるからなんですね。一方で、海外に行った皆さんは、物価の高さを肌で感じるようになっているのではありませんか。

日本のディズニーランドの入場料は、アメリカの約6割、フランスの約7割など世界に6カ所あるディズニーランドの中で最も安いのだそうです。海外展開している「100円ショップ」のダイソーの商品も、日本が最安値の水準など、気がつくと、あらゆるモノやサービスが世界と比べて安くなっていた。私たちが当たり前だと思っていた日本の暮らしは、世界とずいぶんかけ離れた状況になっているのです。それを指摘した「安いニッポン」という新聞記事がSNSで話題になり、これをまとめた書籍（中藤玲『安いニッポン――「価格」が示す停滞』）はベストセラーになったので、皆さんも記憶にあるのではないかと思います。ホテルの宿泊費やレストランの食事など様々な価格が、世界の大都市と比べて安いだけなら、日本の方が暮らしやすいんだと思うかもしれませんが、もっとよく見てみると、給料も上がらず、人材も育たない、製品開発にもお金がかけられないなど世界の成長についていけない停滞ぶりが見えてくるといいます。

見通しが暗いのは
長期的な
デフレのせい？

どうしてこんなことになったのでしょうか。慢性的なデフレが続いて、日本の物価、賃金の水準はほとんど動きませんでした。その間に、アメリカをはじめ世界の国々の物価が上がったため、日本は置き去りになってしまったんですね。この状況を経済学では、日本の「購買力が落ちた」といいます。これは、日本の通貨である円で、買えるモノやサービスの量が以前に比べて減ってしまったということなんですね。円安が進んだからではなくて、この25年ほどの間に、円の購買力が4割から5割も落ちているからだという指摘もあります。賃金も上がらなかったので、日本の家計はどんどん貧しくなってきたそうです。

「安い日本」脱却には、価格と合わせて、賃金、所得を引き上げることが大事だといわれています。これまでは、デフレが続いていて商品の価格を上げられず、もうけが出ない。だから、賃上げもできない、給料が上がらないから消費も増えないといった悪循環が続いていたのですが、この流れを逆転させる努力が必要です。賃金が上がってくれれば、消費も増えて、価格も上げられ、もうけが出るという好循環に戻れる可能性が出てきます。幸いといっていいのか、日本にもコロナ禍以降の世界的インフレの波が押し寄せて、物価上昇、賃金引上げの動きがでてきています。この災いから始まった状況変化をなんとか「安い日本」を変えるきっかけに転じたいものです。

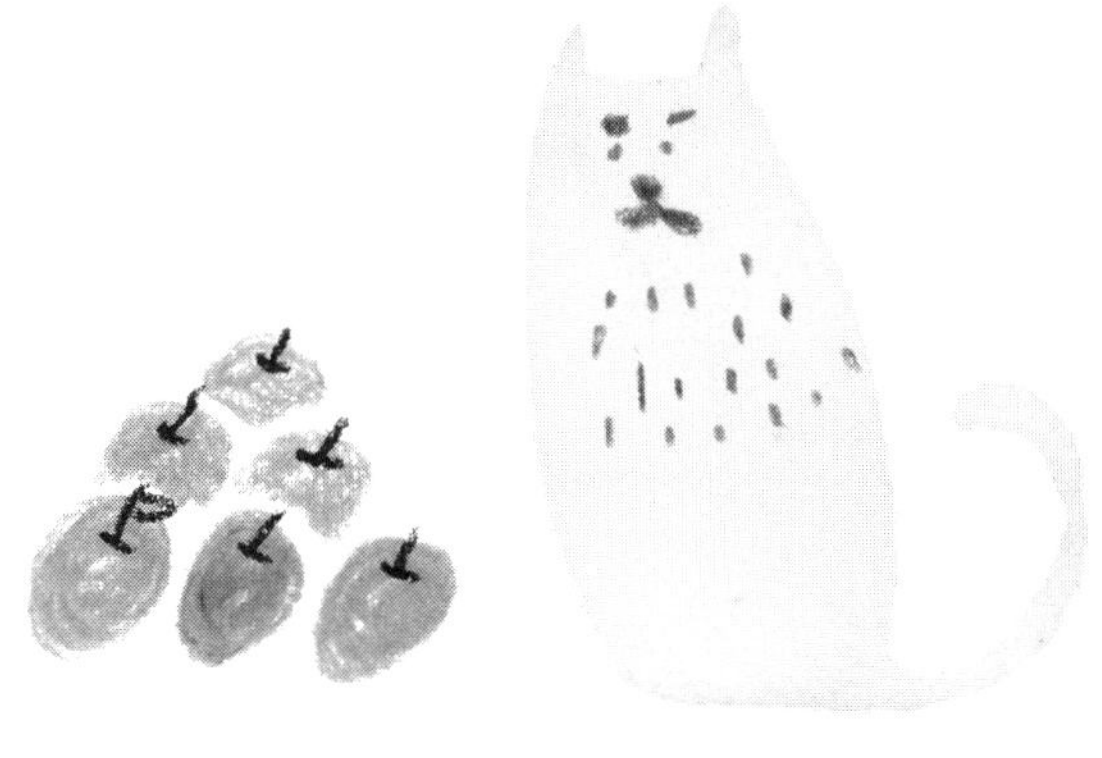

Q

Question

復習問題 1

左記の文章が正しいかどうか、〇か×で答えましょう。

第1問

コスト・プッシュ・インフレは望ましいインフレである。

第2問

デノミとは通貨単位を切り下げることである。

第3問

物価上昇率と失業率の関係を示すものは、次のうち**2**である。

1 フィリップス曲線　**2** 乗数効果　**3** 需給曲線

＊答えは 283 ページにあります

Chapter.2

日銀とはどんな銀行か

——財政政策と金融政策

景気をよくするためには、おもに2つの政策があります。
一つは、国が公共事業をするケインズ流の財政政策。
もう一つは、日銀が誘導して金利を下げる金融政策です。
それぞれ政府や日銀はどんなことをするのでしょうか。
また2つの政策にはどのような違いがあるのか見ていきます。

やさしい経済NEWS

マイナス金利が解除。10年ぶりの上昇でどうなる？

2023年に日銀総裁となった植田和男氏
日銀には「経済の活性化」と「物価の安定」が求められている

長期金利の推移

出所　日銀その他のデータをもとに作成

日銀が2023年7月に政策を変更。
金利が1%まで上昇するのを事実上容認した。

公共事業と減税、2本柱の財政政策

日本経済も世界経済も先行きが見えません。世界同時不況といった見方さえでてきています。景気をよくするにはどうしたらいいか。一般的には2つのやり方があります。一つは**財政政策**、もう一つは**金融政策**です。一体どういう違いがあるのか、それを見ていきましょう。

まずは財政政策です。その一つに**公共事業**があります。道路をつくったり橋を架けたりという公共事業をすることによって建設会社に新しい仕事をつくり、そこで新しい人が雇われることによって景気がよくなっていきます。

そしてもう一つが**減税**です。税金を減らして私たちの手元に残るお金を増やす。これによってみんながいろいろなものを買うようになる。消費が拡大すると景気がよくなる。そして景気がよくなれば、それだけ税金が国に入るようになります。

しかしこれらの政策をとっても景気がよくならなければ税金が入ってきません。赤字になれば国債を発行してお金を得るわけですから、国債がどんどん増えていってしまう。やがて財政赤字がたまっていくという大きな問題があります。

なぜ日本では減税の効果が出ないのか

日本の場合、公共事業ではそれなりに景気がよくなるのですが、減税は実はあまり効果がないのではないかと言われています。アメリカではよく減税して、景気をよくすることがあるのですが、アメリカと日本の減税では事情が違います。その違いを見ていきましょう。

日本では税金の徴収は**源泉徴収**というやり方が一般的です。皆さんが働いて会社から給料が出ると、すでに給料から所得税や住民税が引かれています。手元に入るのは税金を差し引かれた残りです。これが源泉徴収ですね。そうすると多くの人は手取りがいくらかというのは見るのですが、実際に自分が働いていくら稼いだか、いくら税金として納めたかというところまでは見ない。税金がいくら差し引かれているのかという自覚がないので、減税によって税金が戻ってきたという自覚もない。今月は先月よりちょっと給料が多いかな、それだけ残業したんだろうなと思い込んで、買い物しようという意欲がわかない。そういう意味で日本は減税政策をとってもあまり効果がないと言われています。

一方、アメリカには源泉徴収のしくみはありません。給料を稼いだ人や所得があった人は、確定申告で内国歳入庁という日本でいう国税庁にこれだけの所得がありこれ

給料などの所得にかかる税金について、会社が給与から税金を差し引いたうえで給与を支払い、給与受取人の代わりに納税する制度。

だけ税金を納めますと申告して個別に税金を納めます。だからアメリカ人は、自分がいくら納税しているのかという自覚があるわけです。それだけに税金の無駄遣いにはうるさいし、減税しろという要求もする。それぞれ個人で税金を納めているので、減税するときには政府から「あなたはこれだけの税金を納めているのでこれだけ減税しますよ」と小切手が送られてきます。その小切手を銀行に持っていけばすぐ現金になるわけですから、買い物をしようという行動にもつながります。

このようにアメリカと日本では税金を徴収するしくみが違うので、アメリカでは減税が景気対策として効果があるけれども、日本ではあまり効果がないとされています。

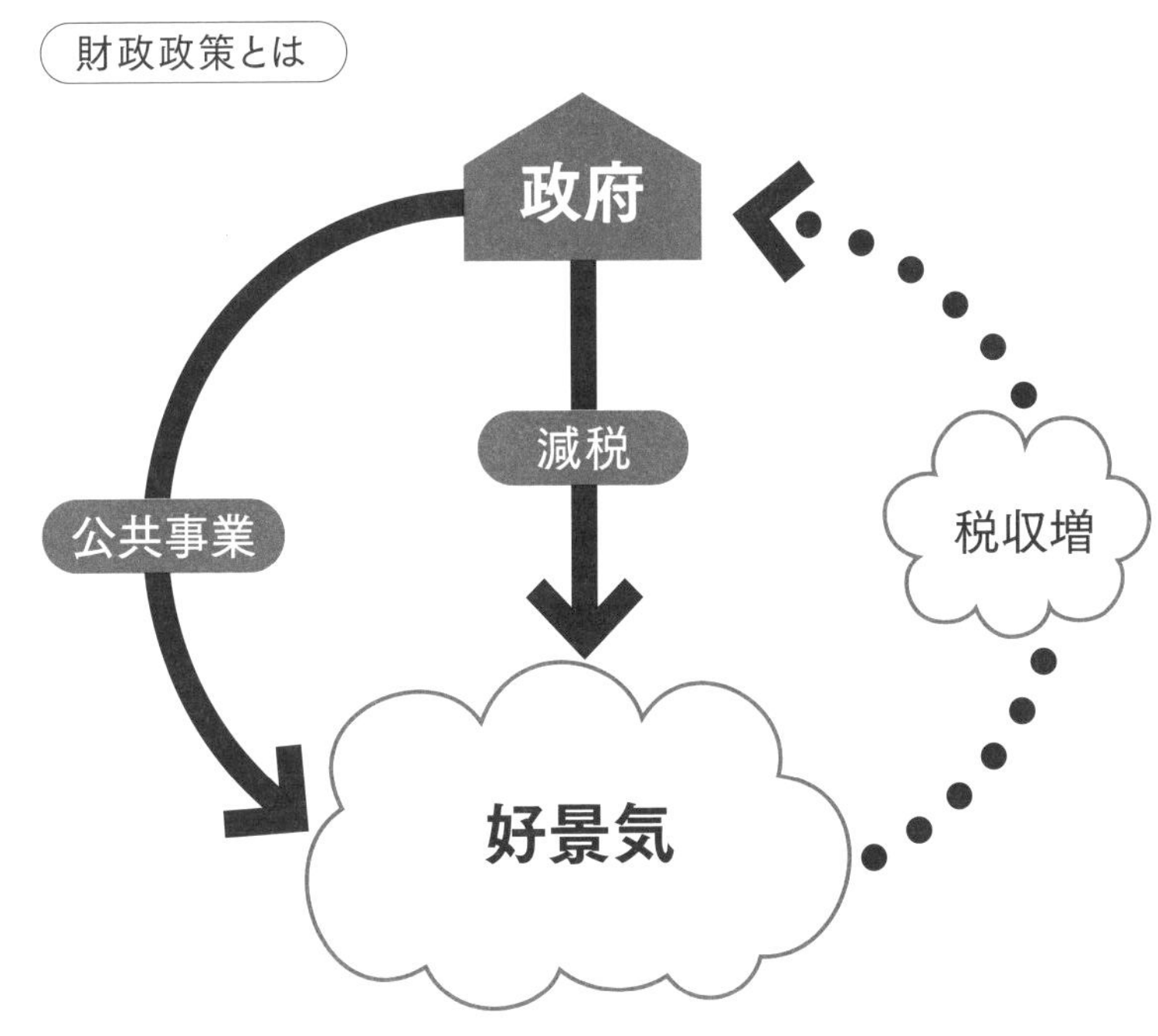

戦争の費用のために始まった源泉徴収

　源泉徴収というしくみをとっているのは、実は世界でも極めて珍しいんですね。日本が源泉徴収をするようになったのは、日中戦争の泥沼化が原因です。戦争の費用が必要なのに、国にお金がない。国民から税金を大量にとるにはどうしたらいいだろうかと考えました。個人が国に税金を納めるのではなく、企業が源泉徴収として国の代わりに税金をとるようにすれば、とりはぐれがないだろうとこの制度にしたのです。１９４０年にこのしくみが始まりましたが、確実に税金を徴収できるため、戦後もずっと続いています。

　その結果、多くのビジネスパーソンは自分がどれだけの税金を納めているかという自覚

給与明細書で見る源泉徴収

　給与明細書を見てみましょう。まず支給の欄には基本給と役職手当などのさまざまな手当てが書かれています。一方、控除の欄には差し引かれる健康保険や厚生年金などの保険料があり、所得税は8,020円、住民税は6,000円が引かれています。

　このように会社が働いた人の給与を支払う際に、あらかじめ所得税と住民税を天引きして国に払う制度を源泉徴収と言います。

給与明細書　○×株式会社　氏名 A 殿
(平成○年○月分)

	基本給	役職手当	家族手当	住宅手当	時間外	通勤費()	通勤費()	欠勤時控除
支給	340,000	45,000	35,000	15,000		17,130		

	健康保険	厚生年金保険	その他社会保険	雇用保険	課税対象額	所得税	住民税	控除合計
控除	15,840	36,106		2,682	375,372	8,020	6,000	

がなくなってしまいました。税金の使い道に関してもうるさく言わなくなり、国が無駄遣いをしていても多くの国民が怒るということがありませんでした。

ところが最近、税金の使い道に国民が厳しくなってきています。それは消費税制度が始まってからではないかと私は思っています。私たちは買い物をするたびに消費税を払い、国にいくら納めているかがわかるようになったからではないでしょうか。

日本銀行の3つの役割

財政政策をとってもなかなか税収が増えなければ、赤字国債がどんどん増えていきます。このように財政政策には限界があります。そこで景気をよくするためのもう一つの方法として金融政策があります。金融政策は、日本の中央銀行である日本銀行が行います。日本銀行は国有銀行ではなく日本銀行法という法律に基づいて設置された認可法人です。もし日本銀行が国有銀行であれば、政府の命令に従わなければいけません。国の命令だからといってお札が大量に刷られればインフレになるかもしれない。だからあえて独立性を図っているのです。

日本銀行には3つの役割があります。中学や高校で習ったと思いますが、簡単におさらいをしておきましょう。まず日本銀行は、**「銀行の銀行」**だと言われます。私たちが一般の銀行にお金を預金するように、銀行や信用金庫、信用組合も日本銀行の当座預金に預金をしています。日本銀行は銀行にとっての銀行ですから、私たちが日本銀行にお金を預けることはできません。

当座預金なので原則として金利はつきません（特別につくこともある）が、一般の銀行等が潰れそうになったときに日本銀行が助けてくれます。銀行の経営がおかしくなったとき、日本銀行の当座預金に預けていた「準備預金」が使われます。あるいは日本銀行が助けに駆けつけてくれる、そういう意味でも銀行の銀行だということですね。

2つ目の役割は、**「政府の銀行」**です。日本政府には税収としてたくさんのお金が入ります。そのお金を管理するのが日本銀行です。政府が公共事業や公務員の給料を払うときには、日本銀行の金庫に入っているお金を使います。

この政府の銀行という役割においては、私たちの生活にもちょっと関係することがあります。たとえば交通違反をして反則切符を切られたとき、日本銀行に反則金を直接納めることができるのです。東京にある日本銀行本店だけではなく、日本銀行の支店で納めることもできます。でも普通は近くの一般の銀行で反則金を納めますよね。なぜそれができるのかというと、一般の銀行が日本銀行の代理店をしているからなのです。銀行の支店には「日本銀行歳入代理店」という看板が掲げられています。これは日本銀行に代わって反則金などを納める仕事をしているという印です。

そして3つ目の役割が**「発券銀行」**です。つまりお札を発行している銀行だという

民間の銀行は
日本銀行に当座
預金をしています

消費税の総額表示の開始

2004年4月1日から、商品の価格に消費税を合わせた価格表示が義務付けられ、値札には1桁まで細かい数字が表示されるようになりました。それまでの商品価格のみの表示から税込み価格の総額表示になると、消費者にとっては割高感があります。この総額表示の導入をきっかけに、小売店では何とか消費者の財布のひもをゆるめさせようと、スーパー各社でセールを始めたり自社開発の商品を値下げしたり、カジュアル衣料のユニクロや大手家電量販店も実質的な値下げに踏み切りました。

支払う金額が変わったわけではないのに、税金を身近に感じたとたんに財布のひもが固くなる消費者心理を象徴する出来事だと言えるでしょう。

110円

日本銀行　3つの役割

1. 銀行の銀行 → 一般の銀行が預金をする

2. 政府の銀行 → 政府に入ってきたお金を管理する

3. 発券銀行 → お札を発行する

ことです。お札を発行できるのは、中央銀行である日銀だけです。皆さんの財布の中にあるお札にも「日本銀行券」と印刷されていますよね。

この3つの役割を通じて、お金の価値を安定させて、インフレやデフレが起きないようにするという大事な仕事をしているのです。それで、日銀のことを「通貨の番人」と言うことがあります。

金利は日本銀行が決めていた

通貨価値を安定させ、インフレやデフレにならないようにするには、世の中に出回るお金の量を調整する必要があります。**量が多いとお金の価値が落ちて、インフレが起きてしまう。少なすぎると、金利が上がって、経済活動が停滞してしまいます。金融政策とは、このお金の量と借り賃である金利を調節することなんですね。**調整することによって、インフレや不景気を防ぐことができると考えられています。これまでにも、インフレを防ぐために金利を引き上げる金融引き締め、景気をよくするために金利を下げる金融緩和が行われてきました。

では、金利をどうやって調整するのでしょうか。

かつては日本の金利は、日本銀行が民間の銀行にお金を貸すときの金利である**公定歩合**で決めていました。日本銀行が金利を決め、私たちが預金をしたときに受け取れ

公定歩合

日本銀行が民間の銀行に貸し出す際の基準金利。金利が規制されていた時代には、金融政策の基本姿勢を表す代表的な金利だった。

る金利はどこの銀行でも同じだったのです。でもそれはおかしいだろう、各銀行が自由に競争すべきだということになり、1995年に金利が自由化されました。銀行によって金利が微妙に違ったり、店舗を持たないネット銀行では金利が高かったりと各銀行が自由に金利を決められるようになったのです。

金利が自由化されたのなら、日本銀行がそもそも金利はこれだけと決めるのもおかしいだろうということになり、公定歩合というやり方をやめ、日本銀行がマーケット=市場の中で金利が決まるように誘導していこうということになりました。現在は日本銀行がこれくらいが望ましいなという金利に誘導しているのです。

口座振込みは日銀の当座預金を介して行われる

それでは日銀の金利誘導がどのようなしくみで行われているのか説明します。その前提として、日銀を介したお金のやりとりについて説明しましょう。たとえば大学生の子どもをもつ親が仕送りをしようと、最寄りのD地方銀行の口座から子どものA都市銀行の口座にお金を振り込んだとします。そのときお金はどのように動くのでしょうか。D銀行がそのお金をA銀行に持っていくわけではありません。先ほど説明したように各銀行は日銀に当座預金を持っています。D地方銀行の口座から振り込まれたお金は、A都市銀行の口座へ動くときに日銀の当座預金を通ってこの中でお金のやりとりが行われているのです。このコンピューターシステムのことを**日銀ネット**と言います。厳密に言えば、それぞれの銀行のコンピューターシステムで操作が行われ、さらにそこから他の銀行へお金が動くときにこの日銀の当座預金を通るというやり方をとります。

銀行間では短期の資金の貸し借りが行われている

これとはまったく別に、銀行間では毎日お金の貸し借りをしています。**皆さんが銀行に預けたお金はずっと金庫に置いておかれるわけではありません。**ただ保管していたのでは**銀行は商売になりませんから、お金をいろいろなところに貸し出しています。**ということは、銀行がふだん持っている現金の額はそれほど多くはありません。

たとえばA銀行が大口の取引先から預けているお金を明日100億円引き出したいと言われたとします。でもいま手元に100億円がなくて困ったというとき、ほかの銀行に100億円貸してくれないかと呼びかけます。たまたまC銀行は取引先から

日本銀行の出資者

日本銀行は認可法人で、株のように売買できる出資証券を発行していて、東京証券取引所に上場もしています。いちばんの出資者は財務大臣です。日本銀行法で資本金の55%以上を日本政府が所有すると定められているのです。

日本銀行金融ネットワークシステムのこと。金融機関と日銀の間をオンラインで接続し、当座預金の振替などの各種取引を金融機関側の端末操作によって決済する。

１００億円が振り込まれていた。この１００億円をどこかに貸して儲けたいと思っていたら、Ａ銀行が１００億円貸してくれとコールしている。Ｃ銀行は１００億円貸してあげるけど明日返してねとコールする。銀行同士がお金貸してくれ、ようし貸してやるぞという呼びかけをしているので、これを**コール市場**と呼びます。

このお金のやりとりはコンピューターシステムで行われます。それを仲介している金融機関に短資会社と呼ばれる会社があります。短資会社のコンピューター上の画面にＡ銀行が１００億円を金利何％で借りたい、Ｃ銀行は１００億円を金利何％で貸したいというのがそれぞれ出てくるわけです。借りたいという側は金利が低いほうがいいですよね。逆に貸したいという側は金利が高いほうがいい。なかなかその調整がつきません。でも夕方に

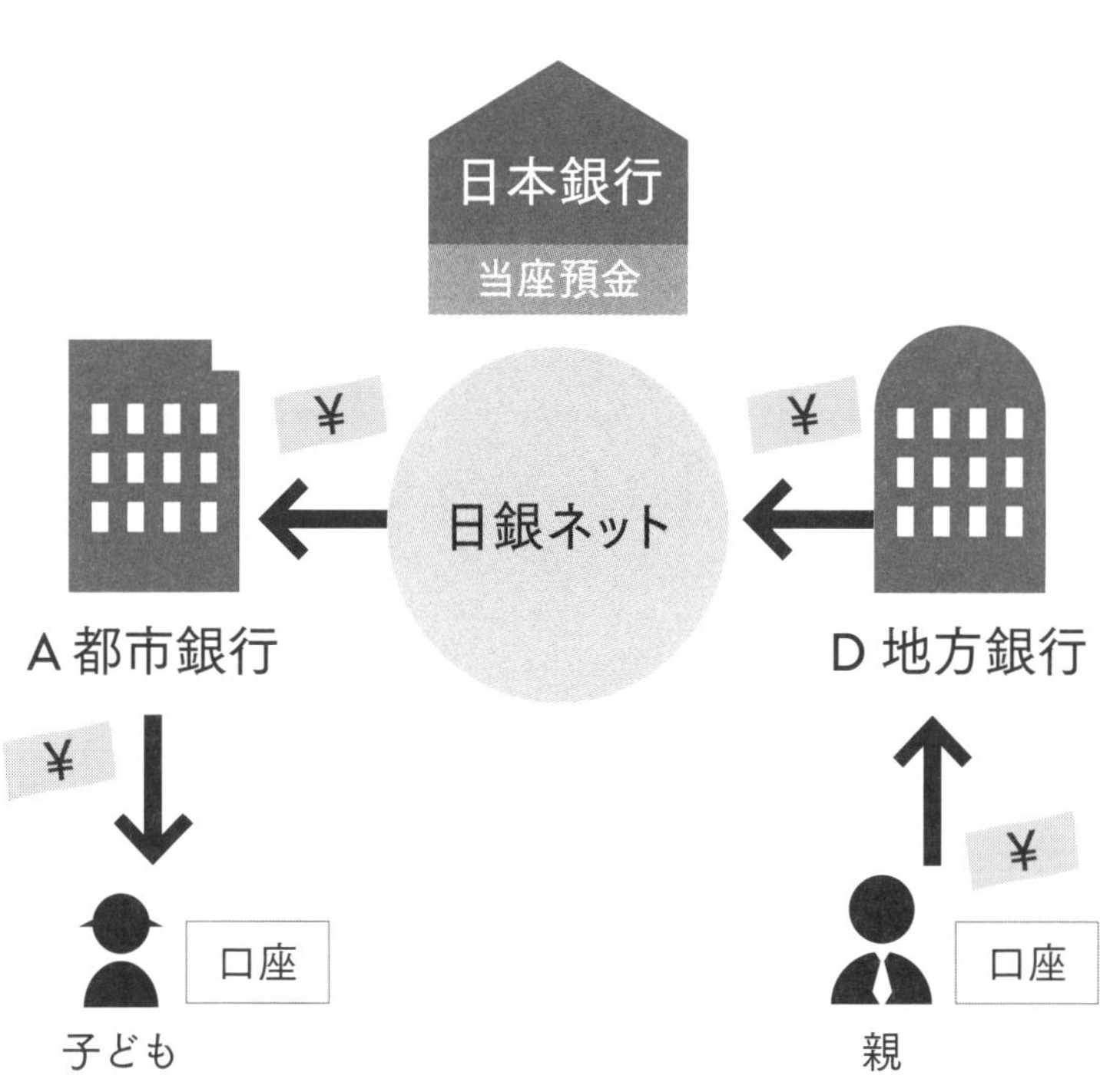

ニホン銀行？　ニッポン銀行？

　日本銀行は「ニホン銀行」と「ニッポン銀行」、どちらの呼び方なのでしょうか。かつて日本銀行の広報ではどちらの呼び方でもよいという回答が返ってきましたが、疑問を持った国会議員が国会で質問をしたことがありました。日銀としてはどちらか結論を出さなければなりません。そのときにふとお札を見るとローマ字で「NIPPON GINKO」と印刷されていました。この国会での質問が契機になり、日本銀行はニッポン銀行で統一されることになったのです。

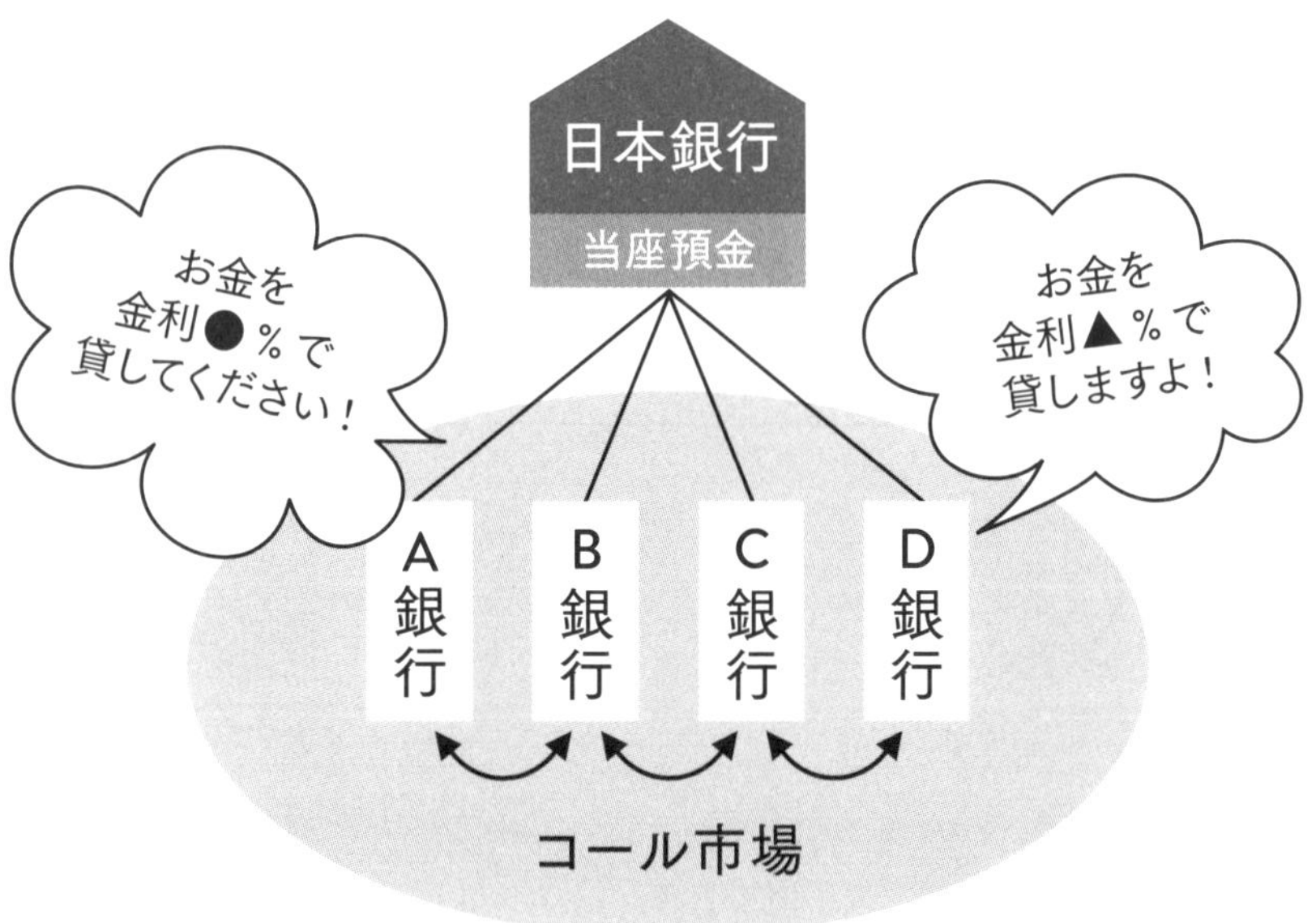

なってきてだんだん切羽詰まってくると、どうしても借りたければ高い金利でも借りるし、貸す側も貸せなくなるくらいだったら低い金利でも貸せればいいやとなって、夕方にはだいたい折り合ってお金の貸し借りが成立します。

コール市場は金融機関同士の市場ですからお互いに信頼があります。そのためお金を貸すときに担保をとりません。だいたいが1日限りでの貸し借りをします。いまは100億円が手元にないけれどもすぐに準備できるから、一晩だけの貸し借りです。オーバーナイトですね。専門的な言葉だと「無担保、コール、オーバーナイトもの」と呼ばれます。これは「一晩だけ無担保で貸してあげる」ということです。その金利をどのくらいにするかというやりとりがコール市場で行われているのです。

日銀は民間銀行と国債を売り買いすることで金利を誘導している

日銀はこのコール市場に介入し、金利誘導を行います。では、どのようにして誘導するのでしょうか。ここでも需要と供給が出てきます。お金を貸したいという人がたくさんいれば金利は下がってきますし、お金を借りたいという人が多ければ金利は上がってきます。

では具体的にどうやるのか見てみましょう。まず**金利を下げたいという場合、日銀**

コール市場

金融機関相互の短期の貸し付け、借り入れの市場のこと。短期金融市場で「呼べばこたえる」という機動性が高い貸借なのでコール市場の名が生じた。

は銀行が保有する国債を買います。いま銀行は大量に国債を保有しています。銀行は皆さんが預けたお金を本当は企業に貸したいのですが、景気が悪くてお金を借りたいという企業があまりなく、お金の運用先に困っています。そこで何をするかというと、国債を大量に買います。国債の金利は皆さんが銀行に預けた金利より高いので、その差額の収入を得ているのです。

そこで日銀がその国債を銀行から買い上げるのです。日銀が国債を買えば、日銀から銀行へお金が支払われますね。これが紙幣が発行されたということなんです。紙幣は国立印刷局がつくっています。日銀はそこにお札を印刷してくださいと頼みます。1万円札だとだいたい1枚22円か23円の費用で刷ってもらい、それを日銀の金庫に持ち込みます。そして日銀が銀行から国債を買い、その分のお札を銀行に渡します。このとき日銀がお札を発行したということになるのです。

日銀が大量に国債を買ってお金をどんどん発行すれば、銀行のお金の量が増えます。そうするとコール市場でお金を貸してくれとどこかの銀行が呼びかけたときに、お金を貸したいという銀行がたくさん出てきます。需要より供給のほうが多いわけですから、金利は下がっていきますよね。日銀としてはこれくらいの金利にしたいなという金利になるまで銀行から国債を買い上げることによって、金利を下げることができるのです。

逆に金利を少し上げたいときは、日銀が保有する国債を銀行に売ります。銀行は日

銀にお金を払いますから、銀行の持っている手元の現金が減ってきます。そうなるとコール市場でお金を貸したいという銀行が減ってきて、金利は少しずつ上がることになります。

昔は国債を全部印刷していたので、日銀は買った国債を地下の大金庫に保管していました。以前に使われていた地下金庫を見に行ったことがありますが、金の延べ棒がたくさんあるのかなと思っていたら、スチールのロッカーがずらっと並んでいて、その中に国債が大量に入っているという状態でした。現在、国債はすべて電子化され、実際の取引はコンピューター上で行われています。国債を売り買いして銀行間でやりとりされるお金の量を調節して金利をコントロールし、金融政策を実施しているということです。これを**「公開市場操作」**と言います。国債を買うことを**「買いオペ」**、国債を売ることを**「売りオペ」**と言います。オペというのはオペレーションのことです。

さて、こうした日銀の金融政策は、1990年代からずっと金融緩和がつづいています。長期にわたる不況から抜け出すために、世の中のお金をどんどん増やして、景気を上向かせてデフレからの脱却をめざしました。それでも、デフレ脱却ができなかったんですね。「インフレターゲット」のことを説明したときに少し触れましたが、2013年からは、いまだかつてなかったような金融緩和「異次元緩和」を開始して、世の中に供給するお金の量を2年間で2倍にすると約束したり、マイナスの金利を導

公開市場操作

日銀が国債などの有価証券を金融機関との間で売買し、市場の資金量を増減すること。

入したりしました。はっきりした成果がでないまま、23年4月、植田和男新総裁が就任し、日銀がこれまでの路線を見直すかどうかに関心が集まっています。皆さんも「異次元緩和」がどうなるのか、どうなったのかに注目して、経済ニュースに接すると、金融政策についての理解が深まるのではないかと思います。

金利を下げたいとき日銀は銀行から国債を買います

中央銀行が政策的に上げたり下げたりする金利。

公開市場操作による金利のコントロール

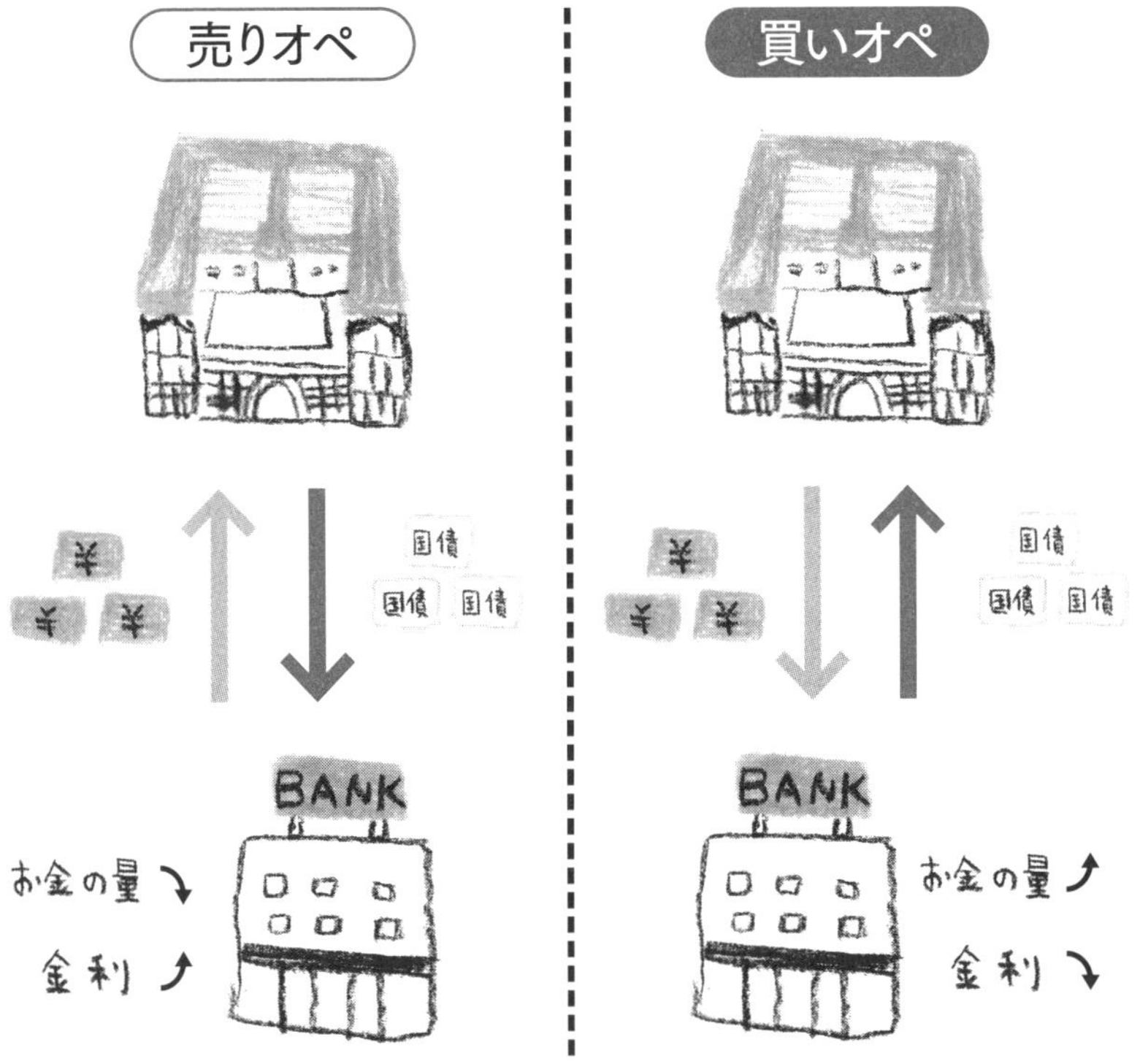
売りオペ
国債
国債 国債
BANK
お金の量 ↘
金利 ↗
買いオペ
国債
国債 国債
BANK
お金の量 ↗
金利 ↘

金利を上げたければ
逆に売れば
よいわけですね

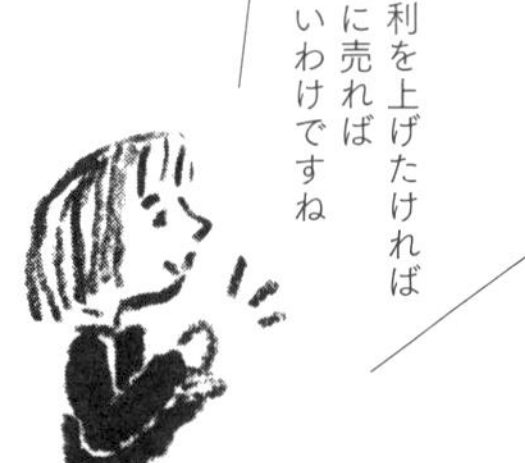

［補足講義］

日本の国債事情

2

いま日銀が国債を政府から直接買うことは禁止されています。前回インフレの話をしましたね。第一次世界大戦後のドイツではお金が足りないといって政府が国債を発行し、それを中央銀行にそのまま買ってもらっていた。だからお札をいくらでも刷ることができた。それによってインフレが起きました。そのようなことが起きないように政府が発行した国債を日銀が直接買うということは禁止されています。

実は第二次世界大戦前は日本でもドイツと同じようなことが起きていました。国債を発行してそれを全部日銀に買わせ、それでお金を得て戦争の費用として使っていたのです。このとき日本もとんでもないインフレになってしまいました。その反省から政府が発行した国債を日銀が直接買うことが禁止されたのです。その代わりに個人や金融機関が買っています。日本の国債の所有者内訳は、金融機関の割合が高くなっています。国内外の比率を見ると、国内での所有が92.8%と大半を占め、海外は7.2%です。

国債の所有者別内訳

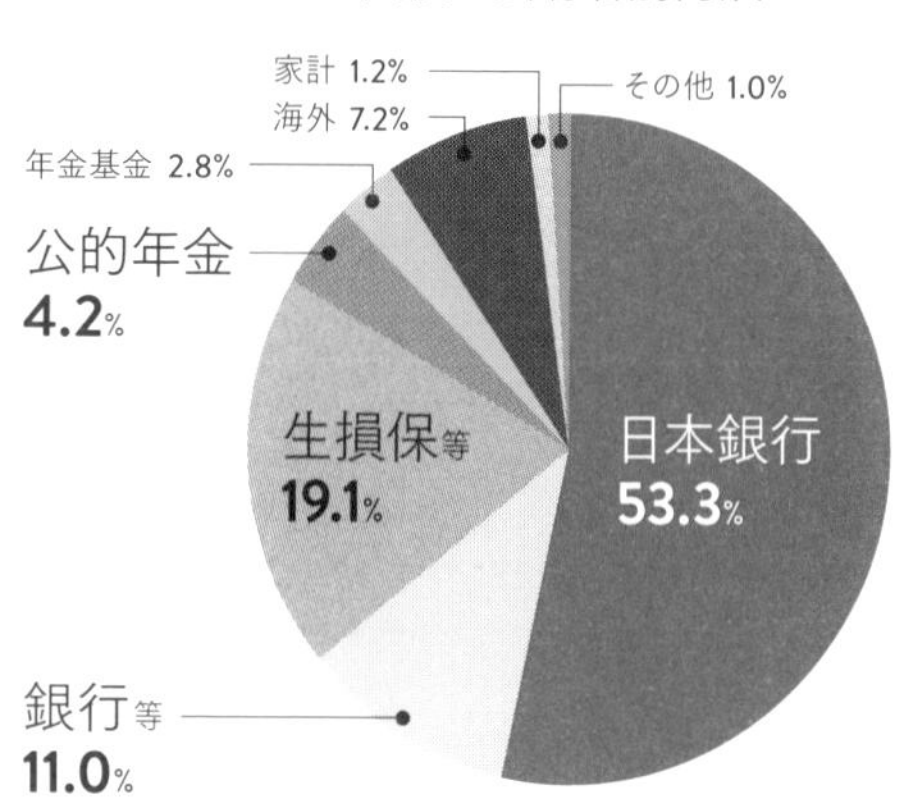

出所 日本銀行（2023年3月末速報）

戦後の日本は国債の発行が原則禁止されている

このように、日本の金融政策は日銀が国債を売買することによって行われています。しかしながら驚くかもしれませんが、実は戦後の日本では国債を発行することは法律で原則禁止されているのです。なぜならば日本では戦前、大量の国債を発行して大変なインフレになったからです。**財政法**という国の予算や財政の基本に関して定めた法律の第4条に、国の予算は借金以外のもの、つまり税収などでまかなわなければいけないという規定があります。法律では国債のことを「公債」と言います。公債の発行いわゆる借金をしてはいけないよという規定があるのです。

でもこの条文にはただし書きがついていて、将来に財産として残る建設に使われるものは発行してよいということになっています。これが**建設国債**です。国債なので借金に変わりはありませんが、公共事業で橋や道路などを建設するためならば、道路や橋という財産として子孫に残すことができる。もちろん借金をすれば借金も子孫に残りますが財産も残るので、それならば国債を発行してもいいだろう、これが建設国債です。

●**財政法 第4条1項**

「国の歳出は、公債又は借入金以外の歳入を以て、その財源としなければならない。但し、公共事業費、出資金及び貸付金の財源については、国会の議決を経た金額の範囲内で、公債を発行し又は借入金をなすことができる。」

道路や橋など建設物に使われる国債。

現実は毎年のように特例法によって赤字国債が発行されている

建設国債を発行してもいいということになってはいますが、最近は建設国債だけではお金がとても足りません。そこで**赤字国債**が発行されるようになりました。赤字国債は財政法で発行が禁止されています。赤字国債はお金を使ったらそれっきりになるわけです。一般家庭にたとえれば、建設国債は家を建てるために使ったお金です。これは子どもたちにも残るものだからいいでしょう。一方、赤字国債は言ってみれば飲み食いに使ってしまうようなものです。子どもたちに借金だけを残すことになる。これは許されないだろうということです。

赤字国債は禁止されていますが、実際はこれを発行しないと予算も組めないという状況になっています。いま国の年間の予算は国の歳入（2023年度一般会計当初予算）は114兆円、そのほぼ3分の1を国債の発行でまかなっているのです。税収だけだと、69兆円くらいしかありません。それではとてもやっていけないので、特例法である**特例公債法**というのを毎年のように国会で通して今年限りの特例ということで国債の発行を認めているのです。赤字国債を出すことを認めてくださいねというやり方をずっととり続けている、これが現状です。

公債の発行の特例に関する法律のこと。

ねじれ国会が引き起こした国家財政の危機

国家予算は衆議院と参議院で意見が分かれてしまって決まらないと、4月からの国の機能がすべてストップしてしまうので、衆議院で可決されれば参議院で可決しなくても予算は通る**「衆議院の優越」**というかたちになっています。そのため2011年の**ねじれ国会**でも予算は通りました。しかし特例公債法案は普通の法律ですから、衆議院と参議院の両方で可決しなければ成立しません。ねじれ国会によって衆議院では法案が通ったけれど参議院では民主党が少数ですから、自民党や公明党が当初ずっとこれに反対していて法案が通らないままでした。

赤字国債が発行できるという法案が通らないまま、日本は4月からどうしていたかというと、とりあえず入ってきた税金だけで国の事業をしていました。この特例公債法案が通らなければ9月から日本の国の政府の機能は

●**ねじれ国会**
衆議院では与党が過半数の議席を持つが、参議院においては野党が過半数の議席を持つ現象のこと。

国債のペーパーレス化

金融政策で重要な役割を果たす国債ですが、以前は紙に印刷されていました。これが2003年1月以降ペーパーレス化されたため、現在はコンピューターによりデータで処理されています。最近では、携帯電話で個人向け国債の金利をチェックしたり、国債を購入したりすることもできるようになっています。

衆議院
赤字国債の発行
参議院
賛成
反対

すべてストップしてしまうところでした。国家公務員に給料が払えない、ということは大学の先生にも給料が支払われないから国立大学も全部休校になってしまいます。自衛隊員も国家公務員ですから給料が払えません。国の公共事業もすべてストップします。

あと少しでこれが現実になるところでした。しかしそれでは大混乱になるということで、最終的に各党の話し合いがつき特例公債法案が通りました。それと引き換えに当時、菅直人首相が退陣したのです。もしこの特例公債法案が通らなかったら、日本国内は大騒ぎになっていたでしょう。

アメリカでは実際に政府の機能がストップした

アメリカでは、こうした政府の借金をめぐる政治的な混乱がたびたび起こり、実際に政府機関が閉鎖される事態に発展しています。つい最近も、2023年1月に政府債務が法律で定めた上限である約31・4兆ドル（約4230兆円）に達したことで、6月にも国債の元本償還（返済）や利払いに回す資金が調達できず、債務不履行（**デフォルト**）に陥る恐れがでていました。そこで、バイデン政権は赤字国債の発行額の上限を撤廃できるように野党・共和党と交渉を重ねて、2025年1月まで法定上限の効力を停止することで最終決着し、危機を回避しました。しかし、2024年11月

●デフォルト
債務不履行国が累積債務を返済できなくなること。

の大統領選を経て誕生する新政権は再び、上限問題に直面することになるので、再発防止策が検討されています。

１９９０年代のクリントン政権の時代には、多くの政府機関が閉鎖され、大きな混乱が起きています。クリントン大統領の民主党に対して議会は共和党が多数を占めていました。大きな政府を嫌う共和党は、アメリカの赤字国債発行に反対。ついに政府の機能がストップしてしまいました。アメリカの国家の施設の大半が全部閉まってしまい、国家公務員はみんな自宅待機になりました。治安を維持するためのＦＢＩなどはそのまま勤務しましたが、ほかの政府機関は全部ストップしてしまったのです。

オバマ政権でも共和党が激しく抵抗し、また同じことが繰り返されそうになるぎりぎりのところまでいって何とか回避されたのですが、その後、２０１３年9月に医療保険改革法（いわゆるオバマケア）を巡って、予算が成立しなかったため、10月１日から一部政府機関が閉鎖となる事態が発生しました。こういうぎりぎりのところで、

21日間も政府機関が閉鎖されたアメリカ

1995年の12月から翌年の1月にかけて、必要業務を除いてアメリカの政府機関は閉鎖されました。公務員への給与の支払いが停止されたのをはじめ、ホワイトハウス、博物館、動物園など、数多くの公的機関も営業できなくなってしまいました。また、世界中のアメリカ大使館でパスポートの発給が停止され、多くの外国人の足に影響が及びました。さらに社会保険や恩給の支払いもストップし、アメリカの国民生活が大変なことになりました。こんな状態が21日間も続いたのです。

政治が行われているということですね。

アメリカに12の中央銀行がある理由

それでは、最後にアメリカの金融政策を見てみましょう。アメリカでは金融政策を**FRB**が担当しています。FRBは首都ワシントンにあります。FRBはFederal Reserve Boardの略で**「連邦準備制度理事会」**、これがアメリカの中央銀行です。何のことだろうと思いますよね。実はアメリカには日本のような中央銀行が12もあります。

アメリカ国民はとにかく中央集権を嫌います。もともと13の国々が集まってアメリカ合衆国、United States of Americaをつくりました。13の国、13のステイトが集まって一つの国をつくった、これが連邦国家です。日本ではステイトを州と訳していますが、アメリカ国民にしてみれば13の国が集まって一つの連邦というものをつくった、いまは50の国が集まって一つの連邦をつくっているという認識を持っています。

そのため国ができたとき、アメリカの人たちはその上に大きな政府をつくることを嫌がりました。首都ワシントンに中央集権的な強大な中央銀行をつくり全体を支配することにみんなが反対をしました。

そうは言っても、銀行が潰れたときにすぐに助けてくれる中央銀行のようなところは必要です。では中央銀行をいくつつくるか、いろいろな議論がありましたが、結局

FRB
連邦準備制度理事会

金融政策を行うアメリカの実質的な中央銀行。

12の連邦準備銀行

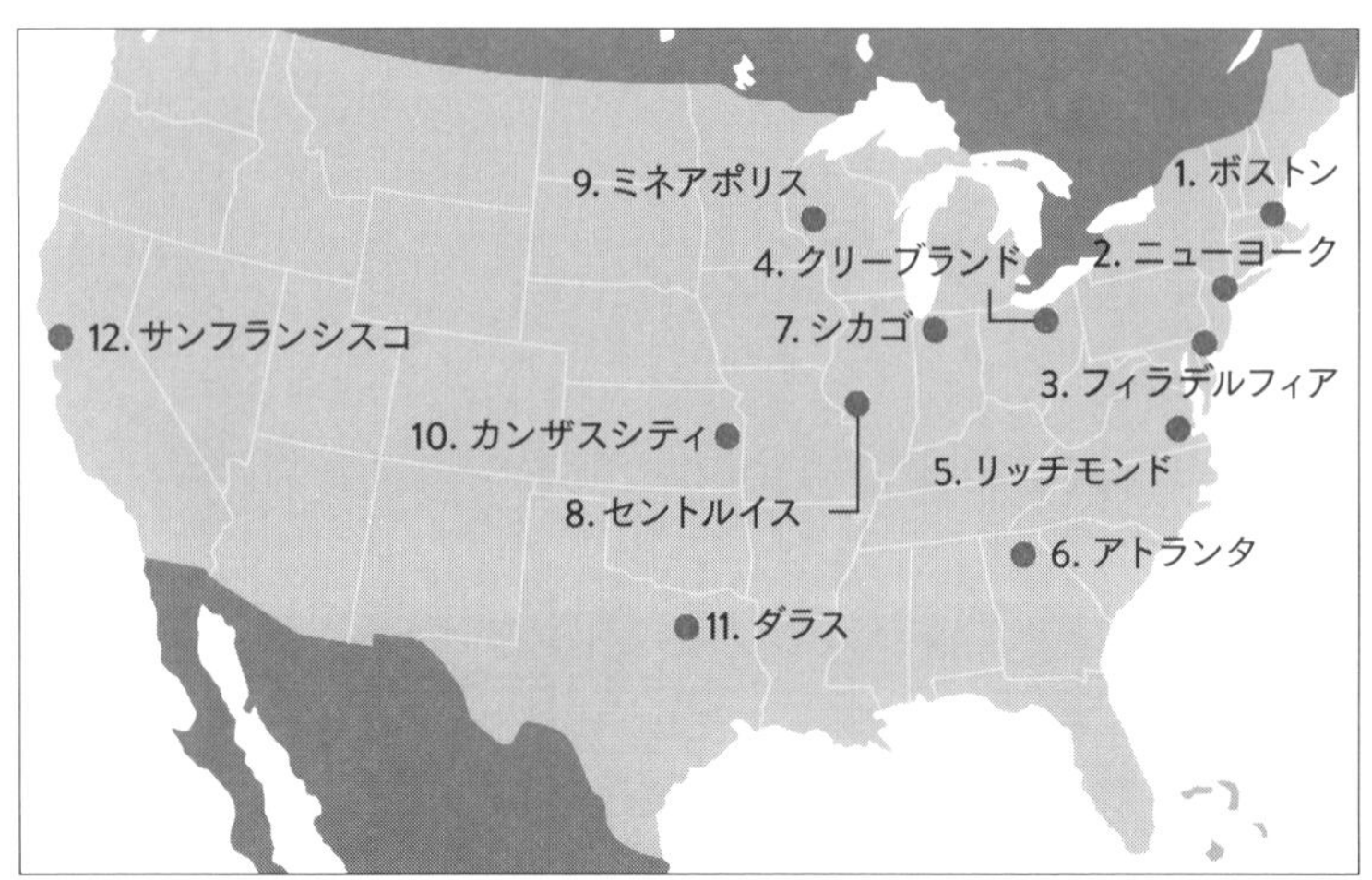

写真：AGE FOTOSTOCK／アフロ

FRB（連邦準備制度理事会）

アメリカ国民は大きな政府を嫌います

12の銀行をつくることになりました。まだ自動車が普及する前だったので、それぞれの州のどこかで銀行が潰れたときにすぐにアメリカの中央銀行がお金を持って助けに行けるように、鉄道で1日で駆けつけられる距離に中央銀行を置くこととなり、アメリカの各地に12の中央銀行をつくったのです。これが**連邦準備銀行（ＦＲＢ：**Federal Reserve Bank）です。それぞれが独自にお札の発行もしています。

連邦準備銀行の「準備」とは何でしょうか。これは、それぞれの銀行がいざというときのために連邦準備銀行にお金を預けて準備しているということです。あるいはどこかの銀行が潰れたときに連邦準備銀行が大量のドル紙幣を持って助けに駆けつけることになっていて、これによって銀行に対する信頼を得る、金融を安定させるというしくみになっているのです。

大恐慌で連邦準備銀行は機能しなかった

このようにアメリカでは１９１３年に12の連邦準備銀行ができて、それぞれの中央銀行が独自に自分の担当地域内での金利を決めたり銀行を助けたり、あるいは銀行がおかしなことになったら指導監督したりということをやっていました。

しかし１９２９年のニューヨーク株式市場の大暴落でアメリカが大混乱をしたときに、これが全体として機能しませんでした。12もの中央銀行が独自にいろいろなこと

ニューヨークは別の国?

　アメリカのミシガン州の人に、「どこか外国へ行ったことがありますか」と聞いたとき、「おお、外国に行ったことがあるとも。この前ニューヨークに行ったよ」と答えが返ってきました。私たちはミシガン州もニューヨークもアメリカという国だと思っていますが、ミシガン州の人たちにとってニューヨークというのは別の国という意識があるのです。アメリカではそれぞれの州の法律は違いますし、それぞれの州に憲法も最高裁判所も存在しています。死刑がある州もあればない州もある。それは全部違う国という認識なのですね。

をやっていたのではやっぱりうまくいかなかったのです。そのため12の銀行の上にこれを統括する新しいシステムができました。それが「連邦準備制度理事会」です。

そもそも連邦準備銀行ができるときに強大な中央銀行ができることをアメリカ国民は嫌っていたのですが、やっぱり強大な中央銀行がワシントンに存在するようになったのです。この連邦準備制度理事会は、それぞれの連邦準備銀行12人のトップのうち7人が持ち回りで理事となり、全体の方針を決めています。結局アメリカはFRBが中央銀行として金利をどれくらいにするかということを決めているのです。

Q
Question
復習問題2

左記の文章が正しいかどうか、〇か×で答えましょう。

第1問 日本銀行が実施する政策を財政政策という。

第2問 日本銀行は政府からの独立性を高めるため、政府の資金を預からない。

第3問 日本銀行は公定歩合で世の中の金利水準をコントロールしている。

第4問 アメリカには中央銀行が複数存在する。

第5問 日本銀行の役割ではないのは次のうち**2**である。
1 銀行の銀行　**2** 政府の銀行　**3** 貨幣の製造

＊答えは283ページにあります

Chapter.3

バブルへGO！

――なぜバブルが生まれ、はじけたか？

1989年12月29日、日経平均株価は3万8915円をつけました。
この日は後に“バブル絶頂の時”と言われることになります。
今回はバブルがどのようにして起こり、
どのように終焉したのか検証していきます。
日本が“土地高騰”“海外資産購入”を経て、
“失われた30年”に至るまでの足取りをたどります。

やさしい経済NEWS

中国で日本のような バブルが起こる？

写真：時事

写真：朝日新聞社／時事通信フォト

上：コロナ禍以降、中国経済が冷え込み、不動産市場もあおりを受け、資金不足で建設を中断するマンションがあちこちに。

左：1990年代の六本木周辺。80年代〜90年代にかけて地価が上昇。その後バブルが崩壊し、地価、不動産が大幅に下落した。

中国大手の不動産会社恒大グループは
2023年8月に米国で破産申請。
中国の不動産バブルとその崩壊は、
かつての日本と似ている。

そもそもバブルって一体なんだろう?

さあ、今回のテーマは「バブルへGO!」というものです。2007年に『バブルへGO‼』という映画がありました。あれで初めてバブルってどんなことだったのかを見た方もいらっしゃったのではないでしょうか。いまの若い人たちは、バブルがはじけたあとに生まれているんですよね。**日本はバブルが崩壊して以来長いことデフレが続いている**と言われていますが、皆さんが物心ついた頃にはデフレが続いていた。だからバブルって一体なんだろう、よくわからない、という人が多いのではないかと思います。今回は、バブルがどうやって生まれたのか、そもそもバブルとは何か、そしてどうしてはじけてしまったのか、それを知っていただきます。

バブルは泡という意味ですよね。バブルチューインガムを膨らませるとフーッと膨らみます。さらにたくさん膨らませていると、やがてパチンとはじけて顔にくっついて大変なことになります。

泡が膨らむように経済がどんどん活性化して景気がよくなって、ありとあらゆるものの値段が上がり、給料も上がり、みんなが浮かれて世の中楽しいなと言っていたら、それが経済の実態とはまるで関係のない夢、幻のようなものであったということにあとになって気付く、それがバブルです。バブルの最中にこれはバブルだなと気付く人

●バブル崩壊
1990年にバブル経済が崩壊した。その後の長期にわたる日本経済の停滞を指し「失われた30年」と言う。

はあまりいません。空前の好景気とみんな考えるんですね。これまで歴史上、さまざまな国で何度もバブルという現象は起きていますが、いつもはじけてしまってから、大変だということになるのです。

日本人がいろいろなものを買いあさっていた

では1980年代から90年代前半にかけて日本で起きたバブルとは、一体どんなものだったのでしょうか。当時を象徴するものとしてよく紹介されるのが「ジュリアナ東京」です。皆さんは知っていますか。イケイケのボディコンの女性たちが「お立ち台」に上がって、扇子を振ったりしながら踊りまくる。毎晩大勢の若者たちがここに集まって踊っていた、バブルを象徴するような場所でした。

写真：スポーツニッポン新聞社／時事通信フォト

ジュリアナ東京

あるいはこんなことがありました。アメリカ・ニューヨークのシンボルの一つ、ロックフェラーセンタービルを、日本の三菱地所が買ってしまったのです。アメリカの富の象徴を日本の不動産会社が買ってしまったので、アメリカ人に大変な衝撃を与えました。ほかにも、ソニーがコロンビア・ピクチャーズ・エンタテインメントという映画会社を丸ごと買収してしまったということがあります。このようにアメリカの不動産や企業を日本の企業が買い占めてしまったわけです。

ちなみにソニーが買収したコロンビア・ピクチャーズ・エンタテインメントは、いまソニー・ピクチャーズ・エンタテインメントという会社としてうまくいっていますが、三菱地所はその後結局ロックフェラーセンタービルを買ったときよりも大幅に安い値段で手放さざるを得なくなりました。三菱地所は大損

写真:時事通信フォト

ロックフェラーセンタービル

をしたということですね。

こんなものも買いました。ゴッホの名画「ひまわり」です。安田火災海上が買い取りました。安田火災は損保ジャパンになり、西新宿にあるＳＯＭＰＯ美術館（東郷青児美術館）を運営していて、ここに「ひまわり」が展示されています。

またハワイのゴルフ場のほとんどは日本人のものになった、なんていう話もありました。いま日本のあちこちの別荘地などを中国のお金持ちが買っているという話を聞きますが、日本がバブルのときは世界中で日本人がいろいろなものを買いあさっていた、そんな時代があったということです。

バブルのきっかけ――プラザ合意

さあ、そんなバブルはどうして起きたのか。発端は１９８５年９月の**「プラザ合意」**でした。ニューヨークにプラザホテルという五つ星の豪華なホテルがあります。セントラルパークの近くに位置しているこのホテルで行われた会議での「プラザ合意」が、バブルへのスタートになりました。

当時、日本の経済が大きく発展して、アメリカに日本製品が大量に輸出されていました。日本から安くて品質のいいものがどんどん入ってきて、アメリカの企業は日本の企業に太刀打ちできなかったので、アメリカ議会が何とかしろと怒りました。最近

１９８５年９月22日に、ニューヨークのプラザホテルで開かれた５カ国蔵相会議（Ｇ５）におけるドル高是正のための合意。

聞いたような話でしょう。いまアメリカには中国製品が大量に入ってきて、アメリカの企業が困っている。その日米版が当時あったということです。

日本の製品がアメリカに大量に入ってこないようにするにはどうしたらいいか。「円」を上げればいい。**円高ドル安**にすれば、日本からアメリカへ輸出される製品をアメリカで買う値段が高くなる。一方で、ドル安ならアメリカは製品を安く輸出できます。これでアメリカ経済を立て直そうとしたのです。

このプラザ合意は、日本とアメリカだけの合意ではありません。イギリス、東西統一前の西ドイツやフランスといった世界の先進国の財務相や中央銀行総裁が集まって、アメリカの経済が危機的な状況になると世界中に影響が及ぶからドル高の是正に協力しよう、と合意したんですね。西ドイツも、西ドイツマ

秘密のうちに行われたプラザ合意

プラザ合意に向け、日本からは当時大蔵大臣だった竹下登氏がこっそりニューヨークに行ったのですが、普通に成田空港に行くと、大蔵省に詰めている新聞やテレビの記者にばれてしまいます。

そこで竹下大臣は、ゴルフの服装をして成田空港近くのゴルフ場に行き、本当にゴルフを始めました。ついて行った記者たちが今日はゴルフかと言って引き揚げた後、竹下大臣は成田空港に行き、出張の準備をして待っていた秘書と合流してニューヨークへ向かいました。

そしてプラザホテルで秘密の会議が行われ、合意が決まったところで発表されました。

日本の記者たちもびっくりしました。ゴルフに行ったと思っていたらなぜかニューヨークで会議に出席していたからです。

こうして世界に驚きを与え、一挙に円高ドル安、マルク高ドル安を進めようという仕掛けをしたんですね。

ルクが高くなるように対ドル相場を調整すると合意しました。

プラザ合意で一挙に円高ドル安が進んだ

　プラザ合意によって、先進5カ国はドル安を進めるため為替市場への**協調介入**を実施しました。各国の中央銀行は足並みをそろえ、大量のドルを売り出しました。ここも需要と供給の関係です。**外国為替取引**で円とドルを交換することができます。当然のことながら円が欲しいという人が多ければ円高になる、少なければ円安になるわけですね。各国が持っているドルをせっせと売って円に換えれば、円の需要が高まるわけですから円の価値が上がります。一方みんながドルを売りますからドルは下がっていき、一挙に円高ドル安が進

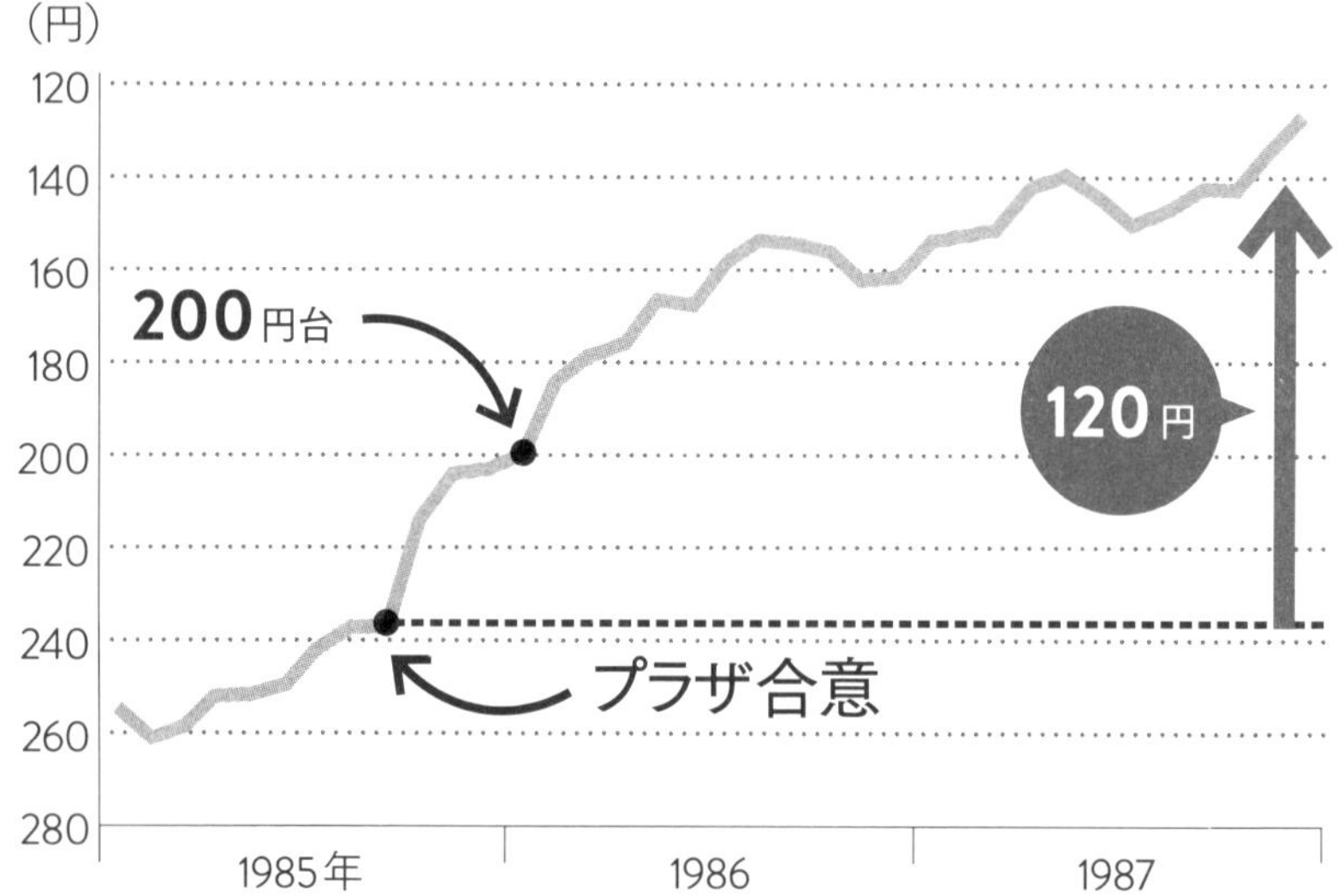

みました。

１９８５年9月の段階では1ドル＝２４０円でしたが、翌年1月には２００円を切りました。４カ月で一気に40円も円高になったのです。さらに2年後には１２０円にまで上がりました。

円高や円安など外国為替については次の講義で話をしますが、基本的に、いくらが円高でいくらが円安ということではないんです。直前より高くなれば円高、安くなれば円安ということになります。たとえば昨日1ドルが80円で、今日76円になれば円高ということになります。一方これが明日78円になれば、昨日に比べると80円が78円になって上がっていますが、今日の76円より下がったので円安という言い方をされます。ですから当時は、1ドルが２４０円から２００円になって、大変な円高だと大騒ぎをしたのです。

急激な円高による円高不況と景気対策

さあ、円高になるとどういうことが起きるでしょうか。日本のメーカーが自動車やテレビなどを輸出しようとすると、海外での値段が高くなってしまいますね。急激な円高によって、海外でものが売れなくなり、日本の輸出産業が大打撃を受けました。日本は不況に陥ったのです。

一挙に円高が進むとどうなりますか?

不況に陥ったときの景気対策にはいろいろな方法があるという話をこれまでしましたが、このときには金利を引き下げるという方法をとりました。日本銀行が公定歩合を引き下げたのです。現在は**政策金利**というかたちでマーケットで金利が決まるように日銀が誘導していますが、当時はまだ公定歩合を操作することで金融政策を行っていました。日銀は5回にわたって金利をどんどん引き下げ、プラザ合意から2年後の1987年には2・5％という戦後最低の金利になりました。

これもいまからすると不思議ですよね。ここ数年は0・01％に近いという状態ですから、2・5％というのはとても高く見えますが、当時は非常に低い金利になったとみんなが受け止めたのです。

低金利になって土地を買う企業が急増した

金利が低くなると、銀行からお金を借りやすくなります。このとき多くの企業は低い金利でお金を借りてそれで土地を買おうと考えました。お金を借りて新しい工場を建てたり事業を始めたりした会社もありましたが、その一方で、とりあえず土地を買っておけばすぐ土地の値段が上がるから、そこで売ってしまえば儲かるじゃないかと考えて安易に土地を買うことが流行したのです。

これを当時、「**財テク**」と言いました。財産を増やすテクニックですね。

●**財テク**
企業や個人が、本業以外に余剰資金などを株式・債券・土地などに投資して資産を増やそうとすること。

企業は、利益から税金や配当金を差し引いたお金を**内部留保**というかたちでとっておくのが一般的です。とりあえず会社はうまくいって儲かった、でもやがて景気が悪化して経営が苦しくなるかもしれない、そのときに備えて儲かっているときにお金をためておこうと考えるわけです。でもこのときは、銀行にお金を預けているだけではたいして増えないけれど、土地を買えば値段がどんどん上がっていくから大儲けができると企業は考えました。鉄道会社や食品会社が次々に土地を大量に買ったり、あるいはゴルフ場をつくったりと財テクをするようになったのです。

当時、有名な経済評論家が「財テクをやらない経営者は経営者失格だ」なんて言ったりしていたんですね。そんなわけで、何とかお金を増やそうと必死になってしまう経営者も多かったのです。

内部留保
企業収益のうち、企業内部に蓄積される部分

企業が得た利益から、税金、配当金、役員賞与などを差し引いた残りの部分。

財テクの背景にあった「土地神話」

この財テクの背景には「土地神話」というものがありました。国土の狭い日本は土地が限られている。限られている土地の値段は、経済が上向くにつれて上がっていくものだ。土地を買っておけばやがて必ず値上がりするとみんなが思ったんですね。

こうしてせっせと働いて儲けたお金で、あるいは銀行から安い金利でお金を借りて土地を買う企業が次々と出てきました。

銀行からお金を借りて土地を買うときは、その土地が**担保**になります。担保とは、お金を借りるときに、もしお金が返せなくなったらこれを差し出します、と提供することです。当時は土地神話がありましたから、この土地を担保にお金を貸してくださいと言えば、銀行は喜んでお金を貸してくれたんですね。企業はまず自社の土地や建物を担保にお金を借り、土地を買います。今度はその土地を担保に、また銀行からお金を借りて新しい土地を買います。そしてその土地を担保にまたお金を借り、また土地を買うということを繰り返していったのです。

土地を担保にお金を借りるときに銀行が貸してくれる金額は、土地の値段が下がった場合に備えて、通常は7掛けから8掛けと言われています。たとえば企業が1億円の土地を買い、８０００万円貸してもらったとします。

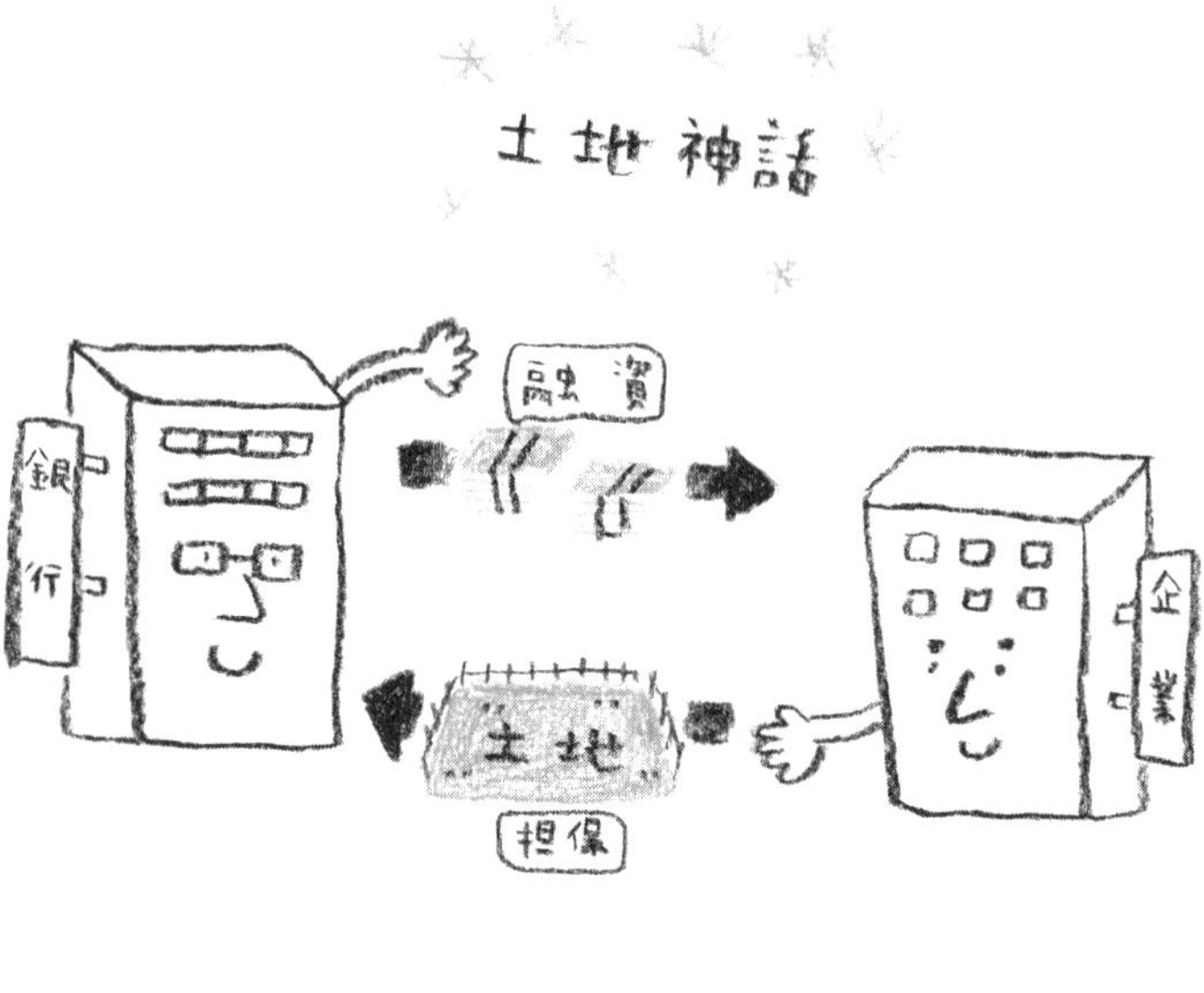

やがて1億円の土地が2億円になったとしましょう。それを売って、その2億円でまた土地を買い、また8割の1億6000万円を借り、それで土地を買う、ということを繰り返しました。

そのうち銀行は、8割なんてかったるいことやってられないや、1億円の土地はどうせすぐに1億5000万円、2億円になるのだから、もう1億2000万円貸してあげよう、とこんなことが実際に行われたんです。土地さえあればお金がどんどん借りられるということが起きました。こうしていろいろな企業が土地を買うことによって、本業以外で大儲けをするようになったのです。

●**担保**
債務者が債務を履行できなくなった場合、その弁済を確保する手段として債権者にあらかじめ提供しておくもの。

空前の株ブームが到来

一方、一般市民にとっても浮かれるような話がありました。そのきっかけは1987年2月、**NTT株の新規上場**でした。それまでNTTは日本電信電話公社(略称・電電公社)という、国有企業でも民間企業でもない**公社**というものでした。電話事業は電電公社しか行うことができなかったのですが、このままではサービスが向上しない、もっとライバルをつくって競争させるべきだということで、民営化することになりました。そして85年、日本電信電話株式会社(NTT)が発足したのです。

民間の株式会社になったわけですから、株を新規に発行します。86年にまず政府保

●**公社**
公共事業を行うために、国が全額出資して設立する特殊法人。

有の195万株を一般市民に向けて売り出しました。すると証券会社に大勢の人が申し込み、一人1株という制限つきで買う権利を得るための抽選が行われました。

このときの売り出し価格は、1株119万円。抽選に当たった幸運な人たちがこれを買うことができました。87年に上場すると、最初に買う権利を得られなかった人たちの買い注文が殺到し、初日からどんどん株価が上がりました。2カ月後には318万円まで値上がりしたのです。たった2カ月ですよ。119万円で買った人が318万円で売れれば、これこそまさに濡れ手で粟という感じですよね。手数料などはちょっと引かれますが、1株買って約200万円儲けたわけです。上場してからさらに10株、100株と買っていれば、ものすごい利益になったわけですよね。これまで株の取引なんかやったことがないという人も、NTT株を薦められて買ったら、あら儲かっちゃったということになったのです。

こうして空前の株ブームに火がつきました。

株価が上がると銀行が困る

空前の株ブームで、これまで株に興味のなかった人たちも次々と株を買うようになります。みんなが株を買うとどうなりますか。需要と供給の関係で言えば、より多くの需要があるわけですから株の値段は上がりますよね。こうして株価がどんどん上がると、実は銀行がちょっと困ったなということが起きるんです。

会社が、銀行からお金を借りなくなるんですね。それを説明するために、まず株式会社がお金を集める方法からお話しします。

株式会社は、事業を始める、あるいは拡張するために、3つの方法でお金を集めます。**株を発行する、銀行からお金を借りる、社債を発行する**という方法です。

まず、株を発行するという方法。株式会社は新しい事業を始めようというときに、株を発行していろいろな人に買ってもらいお金を集めます。そのお金で事業をして利益が出たら、お金を出してくれた株主に出してくれた金額に応じて利益を配分します。これが**配当**です。会社が儲かれば配当金は増えますよね。そうするとその会社の株を買いたいという人が大勢出てきますから、その会社の株価は上がっていきます。

たとえば、ある会社が株を100万株発行するとします。そのとき1株が100万円だったら、暗算できないくらいの金額があっという間に会社に入りますよね。先ほどのNTTでは1株が318万円にもなりました。株価がどんどん上がると、株式会社は自分の会社で株を発行するだけでお金が集まりますから、わざわざ銀行からお金を借りなくなるんですね。

次に、**社債**を発行するという方法です。社債の「債」というのは借金のことです。国債というのは国の借金でしょう。同じように社債というのは会社の借金です。資金を貸してください、1年後に利子をつけてお返ししますという債券を発行し、借用証

配当

資本提供への見返りとして、一般的に現金で株主に支払われる。

書を出す、これが社債です。証券会社を通じて一般の人たちも買うことができます。

誰もが知っているような大手の会社は、社債を発行してお金を集めたほうが、銀行でお金を借りるよりずっと有利です。

そのしくみを説明します。皆さんが銀行にお金を預けるとします。0・1%の金利がつくとしましょう。一方銀行は、大手の会社に3%の金利でお金を貸しています。皆さんには0・1%の金利を払いながら、お金を貸し出した会社からは3%の金利が得られる、これによって銀行の経営が成り立っています。

この会社が金利1%の社債を発行したとします。この会社がとても信用力が高い会社だったらどうですか。皆さんにしてみれば銀行にお金を預けても金利が0・1%、一方、この会社の社債を買えば金利は1%ですか

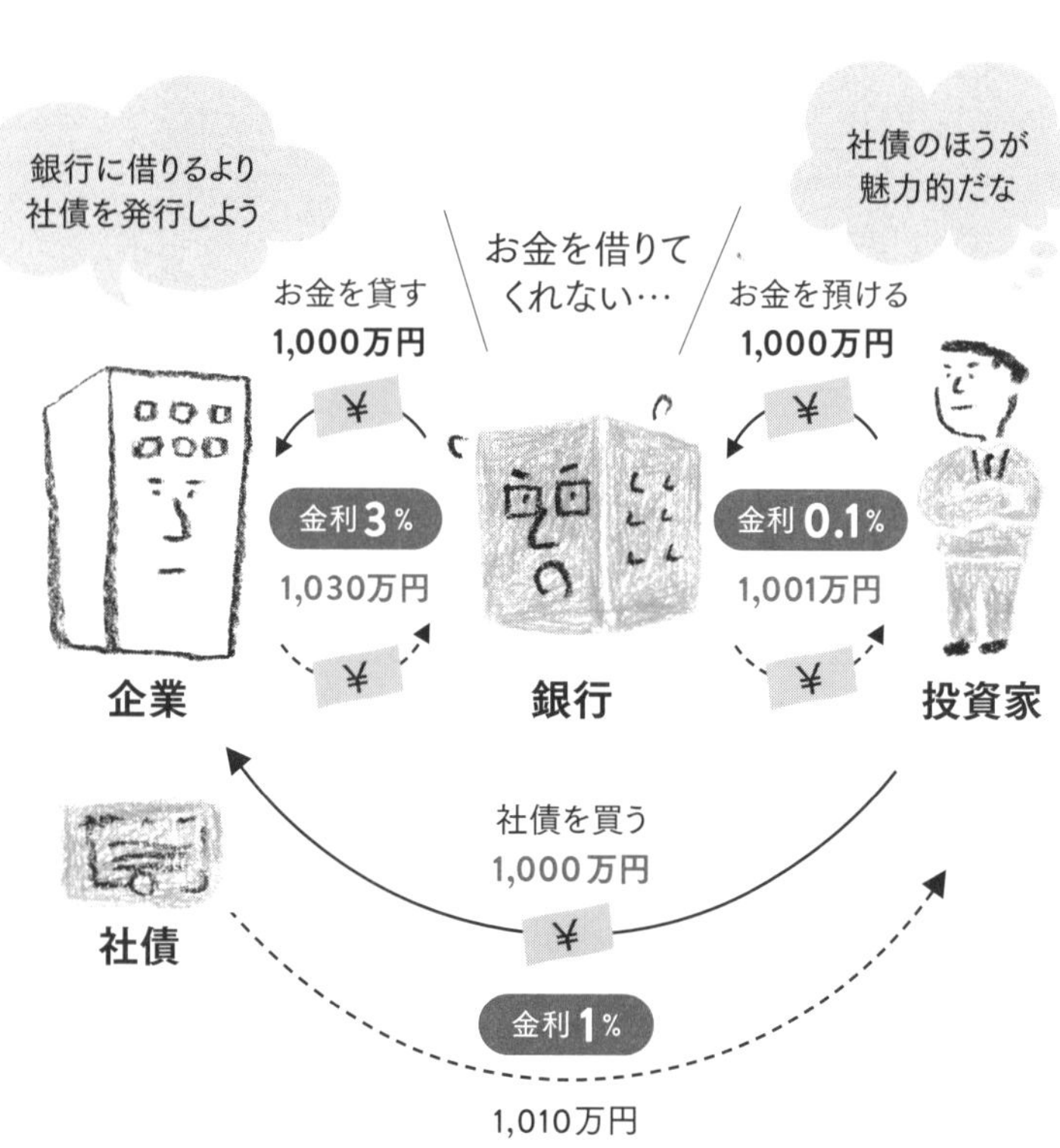

らずっと利回りがいいでしょう。魅力的だなといってこの会社の社債を買う人がたくさんいるんですね。会社にしてみれば、銀行からお金を借りると3%も金利を払わなければいけないけれども、一般の人たちから借りれば1%で済むわけです。支払う金利を2%も減らすことができる。こうして、大手の会社は続々と社債を発行するというやり方になっていきました。

銀行は新しい融資先を開拓しなければならない

株価がどんどん上がることによって、銀行はこれまでお金を貸していた企業、つまり優良なお客さんを失ってしまいました。一方、預金はどんどん増えていきます。株で儲かったからちょっと銀行に預金しておこうという人や、土地を売ったら何十億、何百億というお金が入ってきて、それを銀行に預金しようという人が大勢いたのです。

銀行には預金がどんどんたまっていきます。低い金利であっても、そこには利子をつけてあげなければいけない。銀行からお金が出ていってしまうけれど、お金を借りてくれる会社はどんどん減ってしまいました。

そこで銀行の経営陣は、銀行員に新規の融資先を開拓しろと大号令をかけます。皆さんが銀行員で、融資係だったらどうしますか。どこにお金を貸せばいいんだろうと考えますね。会社のほうからお金を貸してくださいと申し出がある場合もありますが、

一般の株式会社が、長期資金を調達するために発行する債券。

新しい融資先ってどこだろう…?

よく調べていくとこの会社は切羽詰まってお金を借りにきたな、となると簡単に貸すことはできませんよね。

しかし、もしもその会社がお金を返せなくなっても確実に資金を回収する方法がありましたね。それは担保です。そして価値がどんどん上がっていく担保がありましたね。それが土地です。

そこで銀行員たちは、土地の所有者を調べていくわけです。たとえば町を歩いていて、広い空き地があると、これは誰の土地だろうと役所へ行って調べます。そして土地の所有者のところに行って、この土地を遊ばせておいたらもったいないですよ、この土地を担保にお金を貸しますからここにマンションを建てましょうよ、と持ちかけるわけです。

こうやって銀行員たちが土地の所有者のところへ次々と行って、融資を持ちかけます。そうすると、これまでそんな気がなかった土地の所有者たちもついその気になって、どんどん新しいマンションが建っていくことになりました。

このころ都心では、**地上げ屋**というのが暗躍するようになります。

「地上げ屋」が台頭する

たとえば、都心に小さな住宅がたくさん密集している地区があります。そこを全部

●**地上げ屋**
建築用地を確保するため、地主や住人と交渉して土地を買収する人や企業のこと。当時は住人を恫喝するなど強引な手法で土地を買いあさる業者が台頭し問題となった。

まとめて一つの更地にして、大きな高層マンションや高層ビルを建てたい不動産業者があったとします。不動産業者は一軒一軒、あなたの土地を売りませんかと交渉していきます。売りますという人ばかりならいいのですが、最終的にその土地の真ん中に売りませんよという家が残ったりするわけです。

再開発の邪魔になるので、地上げ屋が札束を積んで「売ってください」と交渉します。でも先祖代々そこで商売をしている人などにしてみれば、ここを売るわけにはいきませんと断るわけです。そうすると、ある日突然そこが火事になって燃えてしまう、あるいは無人のダンプカーが暴走してその家に突っ込む、ということが起こりました。結局その住人は土地を手放します。しばらくすると、そこに大きな高層マンションやビルが建っているわけです。都心では、こういったトラブルが相次ぎました。

さらに土地の値段を上げた「買い換え特例」

また、**「買い換え特例」**という制度がありました。たとえば都心の土地を売ったとします。そのお金をそのまま持っていると高い税金がかかります。でも、そのお金ですぐ別の場所に土地を買うと、税金を払わなくて済むという制度です。都心で先祖代々持っていた小さな土地を売ったら、土地の値段が上がっているからとんでもない高額で売れた、じゃあこれで郊外に大きな土地を買って、一戸建てを建てようという人たちが大勢出てきます。

都心で地上げが進むほど、多くの人がお金を持って郊外にやってきて、そこに新しい土地を買うわけです。今度は郊外の土地の値段がどんどん上がっていきました。

これまで住んでいた自分の土地の地価がどんどん上がってくる。あるいは、株を買ったらその株価がどんどん上がってきた。そうすると、**多くの人たちがお金持ちになった気分になります**。もちろん、いま住んでいる土地や持っている株は売らないとお金になりません。でも、自分が住んでいる土地の値段や持っている株が前より上がっていると、自分はお金持ちになったという気分になります。そうなると、この際だか

●買い換え特例
特定のマイホームを売り、代わりのマイホームに買い換えた場合、一定の要件のもと譲渡益に対する課税を将来に繰り延べることができる制度。

らちょっと高級車を買おうか、なんていうことが起きるようになります。

資産効果と節税対策によって消費がどんどん増える

このような現象を経済学では**「資産効果」**と言います。資産が増えたことによって、気が大きくなっていろいろな買い物をしてしまうことです。実際に資産を売ってお金を得たわけではないけれど、持っている土地や株の価格が上がった、それでみんなお金持ちになった気分になり、いろいろなものを買うようになります。

こうして景気がどんどんよくなり、会社も大盤振る舞いをするようになります。ボーナスが急に増えたり、接待が盛んに行われたりするわけです。

会社は、利益をそのまま税務署に申告するとたくさんの税金をとられてしまいます。でも必要経費として使ってしまえば、税金で納める必要がありません。前の講義で、**所得税**の話をしました。企業においても同じことで、収入から経費を差し引いた所得の部分に税金がかかります。利益をそのまま申告すると税金でたくさん持っていかれてしまう、それならその前に経費で使ってしまおうということになります。

そこで接待が盛んになりました。お得意先を接待して飲み食いをすれば、それが経費として落ちる(認めてもらえる)。土曜日や日曜日は接待ゴルフですね。あるいは毎晩のように銀座・赤坂・六本木で豪遊し、帰りは会社がくれたタクシーチケットを

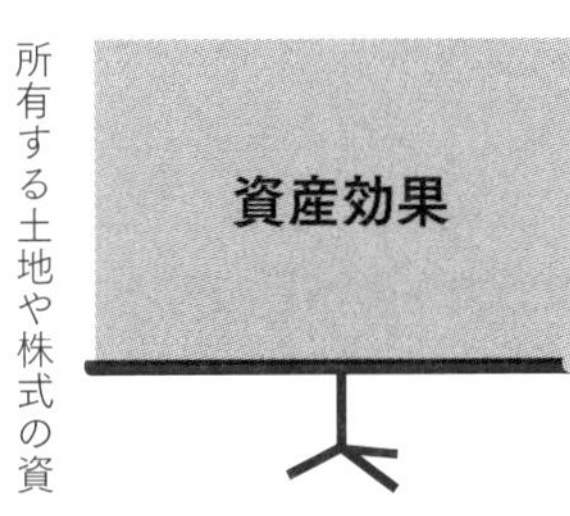

所有する土地や株式の資産価値が高まったりすることが、消費行動などに与える効果。

使って自分はお金を払わずに帰れる、こういう状態になりました。

飲み屋さんにしてもタクシーの運転手さんにしても儲かりますよね。彼らもまたいろいろな買い物をするようになりますから、どんどん景気がよくなるわけです。

これがバブルというものです。でも、当時は誰もバブルとは言いませんでした。空前の好景気という言い方をしたんですね。

物価高にブレーキをかけなければいけない

ところが、これだけ景気がよくなりすぎると、当然ながら物価が上がってきます。日銀は、このままではいけないと考えました。このあたりでブレーキをかけなければいけない、よし、**公定歩合を引き上げよう**と検討します。公定歩合を引き上げて、銀行からお金を借りるときの金利が高くなれば、土地を買い占めるという動きがおさまってくるだろうと考えます。当時、ドイツも日本と同じような状態にあり、ドイツでも金利を引き上げようという動きがありました。

さあ、日銀がいよいよ金利を上げよう、公定歩合を引き上げようと具体的に検討を始めたときです。ある出来事が起きました。

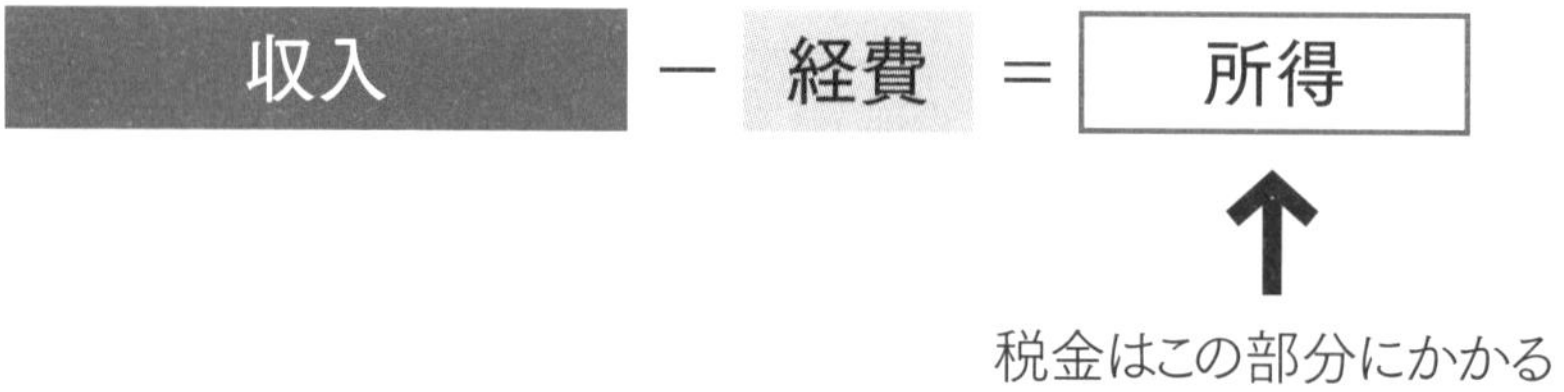

高級車「シーマ」が飛ぶように売れた

当時、日産のシーマという高級乗用車が飛ぶように売れました。なぜシーマを買ったのかというアンケートをとると、上位に「値段が高いから」という理由がありました。考えられませんよね。値段が高いという理由だけで高級車が飛ぶように売れたのです。

お金持ちになったから買うという人がいる一方、そうではない事情があったとも言われています。たとえばビジネスパーソンがマイホームを建てようと一生懸命預金していたとします。ところが土地の値段がどんどん上がり、結局普通のビジネスパーソンでは住宅地が買えなくなってしまいました。

マイホームは諦めざるを得ないけれど、せっかくお金を貯めたのだからとシーマを買った、そんな人もいたと言われています。

日産「シーマ」

ブラックマンデー――株が大暴落した

1987年10月19日。ニューヨーク株式市場が大暴落しました。その日が月曜日だったことから、黒い月曜日、**ブラックマンデー**と呼ばれました。

どうして株が大暴落したのでしょう。当時ニューヨークで株取引をしている人たちはこう考えました。日本やドイツが金利を引き上げようとしている。ということは、ドルを円やマルクに換えれば高い金利が得られると考えるアメリカの投資家が大勢いるだろう。アメリカの投資家たちはいま持っている株式を売って、そのお金でドルを円やマルクに換えるという動きをするに違いない。大勢の投資家が株を売れば、株の値段が下がることになる。よし、株の値段が下がる前に売ってしまおうとみんなが考えたのです。

みんなが一斉に株を売ると何が起きますか。暴落が起きてしまったわけですね。**合成の誤謬**という話をしたでしょう。抜け駆けして株価が暴落する前に高く売り抜けてしまえば儲けることができたのですが、みんなが一斉に自分だけが売り抜けようと考えたんですね。

このような事象を**「予言の自己実現」**と言います。こういうことが起きるだろうと予言して、その前に、こんなことがあったら嫌だな、こんなことが起きたら困るよね、

合成の誤謬を思い出してください

●**ブラックマンデー**
1987年10月19日の月曜日に、アメリカのニューヨーク株式市場で起きた株価の大暴落。

●**予言の自己実現**
最初の誤った状況の規定が新しい行動を呼び起こし、その行動が当初の誤った考えを真実なものとすること。

写真：時事

証券会社の店頭につめかけボードを見る一般投資家たち

と行動すると本当にそうなってしまう。たいへん皮肉なことですよね。みんなが一斉に株を売り、株価が大暴落するということが実際に起きてしまったのです。

政府と日銀が重い腰を上げた

日銀は困ってしまいました。ここで金利を引き上げたら、資金がアメリカから日本に流れ込んで、アメリカの株価がどんどん下がってしまう。アメリカは、株価が下がるようなことはしないでくれと日本に圧力をかけます。

アメリカの言うことをすぐ聞いてしまう日本は、金利を上げることができなくなってしまいました。低金利のままの状態が続き、ますますバブルは拡大します。

このときドイツは、アメリカが何を言

みんなが
一斉に株を売って
しまったんですね

公定歩合の推移

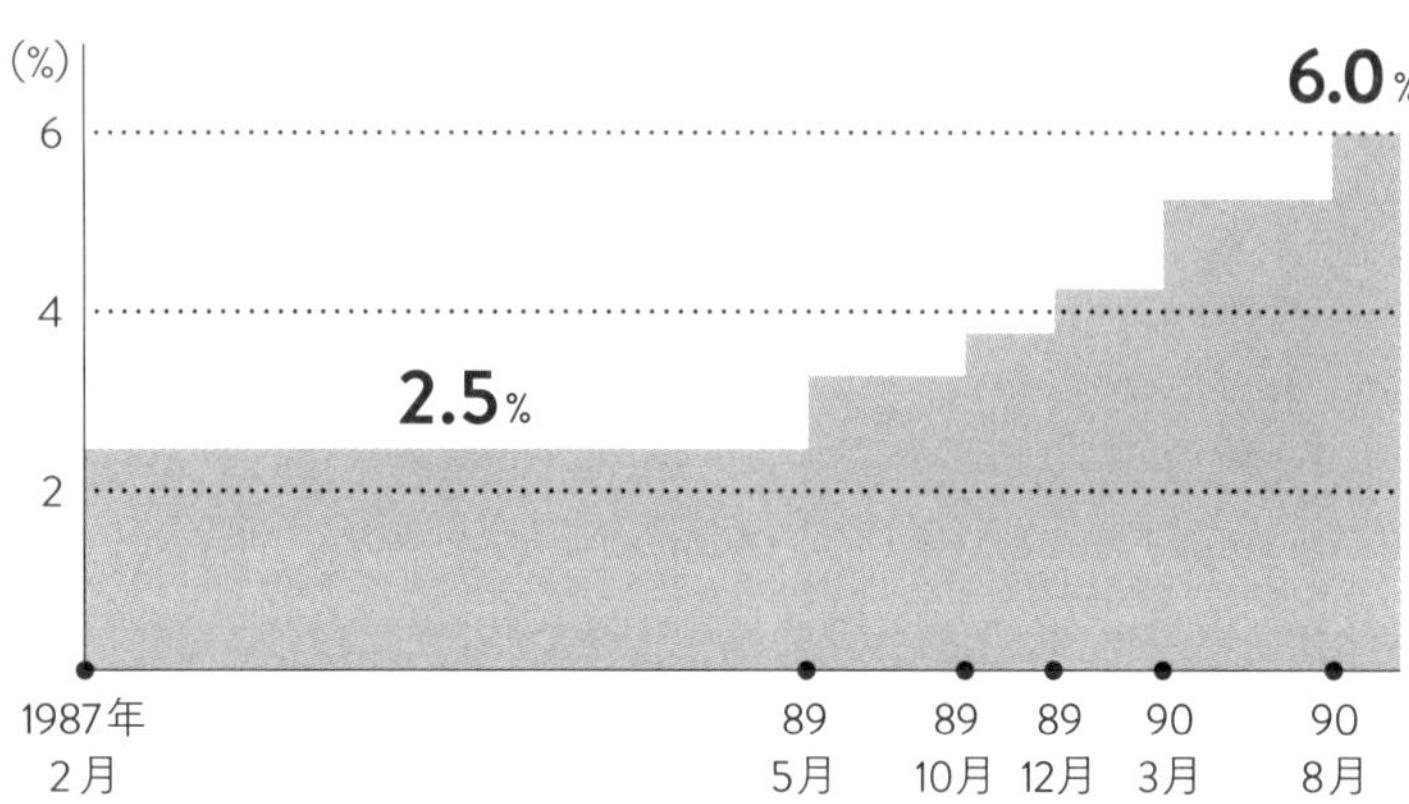

おうと関係ないと言って金利を上げ、その結果景気の過熱を抑えることができ、バブルが膨れあがらずに済みました。日本はアメリカに遠慮したため金利を上げることができず、物価高が一層激しくなったのです。

困るのは普通のビジネスパーソンです。マイホームが買えない、政治家は何をやっているんだ、何とかしろ、という世論が高まります。そこで当時の大蔵省、いまの財務省と金融庁の前身が、何とか土地の値段にブレーキをかけようと行動を起こします。それが**「総量規制」**というものでした。

1990年3月です。当時、大蔵省というのは銀行に対していろいろと指示命令を出す力を持っていました。いまその権限は金融庁に移っていますが、このと

●**総量規制**
金融機関の不動産業向け融資の伸び率を、総貸し出しの伸び率以下に抑えることを軸にした行政指導。

きは大蔵省が各銀行に不動産業向け融資の総量規制をするように通達をしました。ざっくり言えば不動産会社に金を貸すなと指導したんですね。つまり銀行が不動産会社にどんどんお金を貸すから、不動産会社がそれで土地を買い、その結果土地の値段がどんどん高騰していくんだ、だから不動産業向け融資を規制しよう、ということです。

それと同時に、とにかく土地を大量に持っていれば儲かるという状態を改めなければならないということで、**「地価税」**という新しい税制度を導入しました。土地の相続税評価額に0・3%の税金をかける制度です。

さらに日銀も重い腰を上げ、ようやく公定歩合を引き上げます。1989年5月からわずか1年3カ月の間に5回の金利引き上げを行いました。2・5%だった金利は、1990年にかけて6%まで引き上げられたのです。

●地価税
1992年から98年まで施行された土地保有税の一つ。毎年、原則として土地の相続税評価額に0・3%を課する税制。

突然土地が売れなくなる!

こうして、銀行からお金を借りて土地を買う不動産業者が突然姿を消しました。企業も銀行から土地を買うお金が借りられなくなったので、土地の売買をやめます。ある日突然、土地がパッタリ売れなくなったのです。

さあ、需要と供給の関係で考えるとどうなりますか。**土地の値段が暴落**しますね。土地神話の崩壊です。必ず上がると思っていた日本の地価が、突然大暴落しました。

銀行は土地を担保にお金を貸していましたから、その土地の値段が下がってしまうと、もう担保になりません。しかも1億円の土地に1億2000万円などと上乗せして貸していたわけです。1億円の土地が5000万円になってしまったら、土地を取り上げても7000万円損をしてしまうことになります。これが**不良債権**というものになったのです。貸したお金を返してもらえなくなる、これが不良債権です。各銀行はこの不良債権の山を築くことになりました。

山積みの不良債権をどうしたか

このときにみんながどうしたかというと、先送りをしたんです。

たとえば1億円の土地の値段が8000万円になってしまったとします。いま売ると

2000万円の損をします。でもその時にさっさと売っていれば2000万円の損で済んだんですが、みんな土地神話にとらわれていますから、やがてまた土地の値段が上がるからと、じっと我慢して土地を持ち続けたのです。

その間にも土地の値段は下がっていってしまう。銀行の不良債権はどんどん増えていきます。7000万円、6000万円と、どんどん下がっていってしまう。銀行の不良債権はどんどん増えていきます。土地を担保にお金を貸していたけれど、お金を返してもらえない。バブル関連の企業や不動産会社はどんどん潰れていく。潰れてしまうと貸していたお金は返ってこない。こうして銀行のお金は減っていきます。そうなると、たとえば皆さんが預けたお金を返してくれと銀行に行っても、銀行にお金がないわけです。みんなが一斉に預けたお金を返してくれとなると、今度は銀行が潰れてしまうという状態になりました。

1997年11月、次々と金融機関が破綻した

1997年11月、まず三洋証券という大手の証券会社が倒産し、同じ11月、北海道拓殖銀行が倒産します。北海道という名前はついていますが地方銀行ではありません。全国に支店を持っている大手の都市銀行です。この銀行が破綻しました。さらに同じく11月、証券最大手の山一證券が破綻します。仙台の徳陽シティ銀行という地方銀行も破綻します。11月という1カ月間だけで大手の証券会社2社、大手の銀行と地方銀

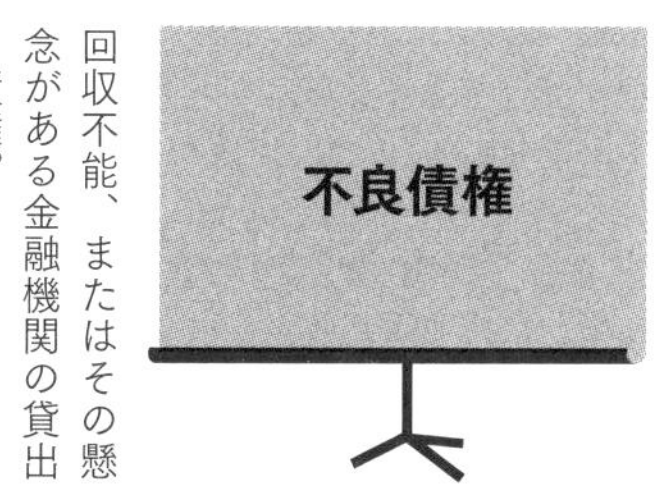

回収不能、またはその懸念がある金融機関の貸出し債権。

行2社、計4社があっという間に倒産してしまったのです。

破綻した三洋証券にお金を貸していた銀行がありました。前にやりましたね。銀行同士がお金を貸し合っている**コール市場**です。銀行同士は信用があるから担保をとらないでお金を貸します。このやりとりには、銀行だけでなく証券会社も入っていました。三洋証券に担保をとらずにお金を貸していた銀行があったのです。三洋証券が倒産し、その銀行は貸していたお金を返してもらえなくなりました。

そうなると、今度は金融機関同士が疑心暗鬼になります。あそこの銀行は大丈夫だろうか、実は不良債権をたくさん持っていて潰れてしまうのではないか。そうなるとお金なんか貸せませんね。銀行同士のお金の貸し借りが、ぱたっとなくなりました。

こうして日本中のお金の流れが止まり、あれよあれよという間に日本経済は行き詰まってしまいました。**経済を人間の体にたとえると、お金の流れは血液の流れのようなものです。**お金の流れが全部止まってしまうわけですから、経済は大打撃を受けます。消費が止まる、突然銀行が潰れてしまう、銀行からお金を借りることができなくなる、株を買っていた人たちが株を売り払う。その結果、**日経平均株価が大暴落**していきます。

日経平均株価が大暴落してデフレが始まった

89年末には株価は3万8915円まで上がりました。さあ来年は4万円を超えるぞ、5万円になるぞと言われていました。ところがここがピークだったんですね。どーんと下がって、そこからまたちょっと下がった、そこで下げ止まったと思ったらまた下がった。どこまで下がるかわからないとみんなが不安になって、また下がる。

これがバブルの崩壊でした。株価がどんどん上がっていったのがバブル。その絶頂期にバブルがはじけて崩壊した。そして日本はデフレに突入し、長い低迷期をさまようことになるのです。

ちなみに、このバブルの絶頂期にどれほど

日経平均株価の推移

土地の値段が上がっていたかと言えば、東京23区の地価の金額の合計が全米の地価の合計とほぼ同じになったのです。山高ければ谷深しという言葉もあります。景気がよくなりすぎてしまった分、そのあとの反動もまた激しいものでした。

お金の流れとは
人体にたとえると
血液のような
ものです

［補足講義］ 3

世界のバブル——オランダのチューリップ・バブル

世界のバブルの例では、1630年代のオランダのチューリップバブルというのが有名です。当時オランダで、きれいな花を咲かせるチューリップが大変人気になり、球根の値段が高騰しました。

球根にそれだけの価値があるとみんなが思っているから買うわけですが、結局きれいな花を見るだけのことです。ある日突然、なんでこんなに高いんだろうとみんなが思うんですね。そしてチューリップの球根は大暴落。借金をしてたくさん買い集めていた人たちは破産してしまったのです。

でも、それ以来オランダにはきれいなチューリップ畑が残りました。皆さんが春先にオランダに行くと、たいへんきれいなチューリップ畑が見られますが、これは17世紀のチューリップバブルの跡だということです。

一方、東京や大阪には、コインパーキングと呼ばれる狭い駐車場がいくつもあります。その多くもまた、バブルの傷跡です。バブルの最中に大量の土地を仕入れようとして、ごく狭いところだけ買えた段階でバブルがはじけてしまって、処分のしようがないから駐車場にしておこうかということでいまも残っているということですね。

なぜバブルは30年ごとに起こる？

バブルというのは、一度起きたからといってそのあと二度と起きないということはありません。過去に何度も起きています。たとえば明治時代の初めにはうさぎバブルというのがありました。うさぎブームが起こり、明治維新で没落した武士たちがせっせとうさぎを飼って売ったんですね。しかしうさぎの数が増えすぎて、結局うさぎの値段は暴落したということです。

１９８０年代の日本のような大きなバブルというのはそうは起きませんが、小さなものも含めると、こうしたバブルはほぼどこの国でも約30年ごとに起きています。日本は１９９０年にバブルがはじけていますから、今ごろバブルが起きているはずだったのですがね。

さて、どうしてバブルは30年ごとに起きるのでしょうか。誰か私はこう思うという人はいますか？。

生徒Ａ　30年経つと世代が代わっているから。

そのとおりです。そういうことなんです。バブルを経験した人はだいたい当時30歳

どうして
バブルは30年ごとに
起こるのでしょう？

代、40歳代です。30年も経てば、第一線から退いていますよね。皆さんは今日、バブルとはどんなものか学びましたが、多くの皆さんの同世代の人たちは、バブルについて知らないでしょう。やがてバブルを知らない人が世の中に出ていって経済活動の中心になると、また同じようなことになるかもしれないのです。

バブルで大損した人たちはもう二度と手を出しません。しかし人間というのは、痛い目に遭った経験をした人がいなくなると、また同じようなことを繰り返してしまうものなのです。

こういう言葉があります。「愚者は経験に学び、賢者は歴史に学ぶ」。

愚かな人は自分の経験からしか学ばないけれど、賢い人は歴史から学ぶのだということです。そういう意味で、歴史を学ぶ、あるいは経済学を学ぶというのは大事なことなのだと思います。

Q 復習問題3

Question

左記の文章が正しいかどうか、○か×で答えましょう。

第1問 プラザ合意は円安ドル高を目指すことで合意した。

第2問 ブラックマンデーは、日本やドイツの金利引き上げを予測して発生した。

第3問 資産を持てるようになろうと努力することを、資産効果と言う。

第4問 バブル期に日本が買った建物は次のうち**2**である。

1 エンパイアステートビル
2 ロックフェラーセンタービル　**3** トランプタワー

＊答えは283ページにあります

Chapter.4

円高で企業は日本に残るか海外に出るか

今回の講義では、円高のメカニズムを学びます。
戦後、1ドル＝360円が長く続いた後、
1973年に変動為替相場制度へ移行してからは、
円高の時代が始まりました。
日本企業の海外進出が問題になった時期がありましたが、
円高は日本経済にどんな影響を与えたのでしょうか?

やさしい経済NEWS

円高は日本の産業にどう影響を与えた？

写真：時事

2023年9月に完成予定の台湾のTSMC熊本工場。かつて円高の時代は海外に工場を作っていた日本だが、現在では、海外の工場が日本にも。

[円相場の推移]

▶マーシャルプラン

ブレトンウッズ体制（1945 ～ 1971.8）

固定相場制：1ドル＝360円

↓

▶ニクソンショック
▶ベトナム戦争

スミソニアン協定（1971.12 ～ 1973）

固定相場制：1ドル＝308円

変動相場制に移行（1973.2～）

プラザ合意（ドル高是正）（1985.9）

↓

▶リーマン・ショック
▶欧州経済危機
▶コロナ・ウイルス
▶ロシアのウクライナ侵攻

現在

変動相場制：1ドル＝140円台

かつては1ドル＝360円と決まっていた

次は、円の為替相場、為替レートについてです。最近は円安が続いていましたが、そもそも円安とか円高とかいうのは、どういうことなのでしょうか。私が学生のときは、円高、円安なんていう言い方はなく、1ドルが360円と決まっていました。1ドルは円にしていくらということが必ず決まっていたんですね。これを**「固定相場制」**と言います。それに対して現在のように、いつもひっきりなしに相場が動く、これを**「変動相場制」**と言います。いつも変動するからニュースになるわけです。ニュースの放送中に「今日の外国為替市場は1ドル○○円で…」と言ったそばから「いま変わりました」と更新されたりしますよね。

円相場について理解することで皆さんに気づいてほしいこと、それは、やはり**経済がすべて需要と供給によって動く**のだということです。その原理を改めて感じてほしい。また人の心理や思惑によって世の中は動いていくんだなということを知ってほしいのです。

固定相場制
変動相場制

通貨ごとの為替レートが決まっているものを固定相場制、原則として需要と供給により為替レートが変動するものを変動相場制と言う。

外国為替市場の役割

円やドルなどの売買取引をしている市場は**「外国為替市場」**と呼ばれています。1巻のChapter.1でも登場した**「上田東短フォレックス」**がそうですね。本当にそこに市場があるという感じではない。いろいろな会社や金融機関がコンピューター上で売ったり買ったりしている、極めてバーチャルなものなので、これを**「イチバ」**と呼ばずに**「シジョウ」**と呼ぶのでしたよね。では外国為替市場とはそもそも何でしょうか。

日本がものを輸出する場合、買い手である相手国は自分の国のお金で払おうとします。でも相手国の通貨でもらっても、日本ではそのまま使うことができません。それでは困るわけです。その相手の国のお金をいくらで円と交換するのかということが決まっていないと貿易は成り立ちません。これが決まるところが外国為替市場です。

また、相手国の通貨をスムーズに円に換えることができればいいですが、相手国がとても小さな国で、その国の通貨をもらってもすぐに円と交換できないこともあります。そのとき、どちらの国にとっても喜んで受け取れる共通のお金があるほうが便利ですよね。その世界のお金が現在はドルとなっています。その世界共通のお金のことを**「基軸通貨」**といいます。

外国為替市場

外国為替が取引されている場すべてのことを言うが、通常は銀行間で外貨を交換する「銀行間取引」を指す。

イギリスのポンドが世界のお金だった

第二次世界大戦前、世界のお金はポンドでした。どこの国もポンドを受け取れるなら喜んでものを売っていたのです。ポンドはイギリスの通貨ですが、イギリス以外のほかの国同士の取引のときにもポンドでの決済が普通に行われていました。

どうしてイギリスのポンドが使われていたのでしょうか。当時、世界の海を制覇していたのはイギリスだったからです。

かつて大英帝国は「日の沈むことのない帝国」という言い方をされたことがあります。イギリスは世界中に植民地を持っていて、どこかで日が沈んでもすぐにまた別のイギリスの植民地で日が昇る。24時間、常にイギリスの支配する国のどこかで日が昇っていたからです。世界中いろいろなところに植民地を持ち、取引をしてお金を払っているわけですから、世界中にポンドがたくさんありました。みんなポンドがどういうお金なのか知っていたので、ポンドで払うと言えば喜んで受け取っていました。だからポンドが世界のお金だったのです。

第二次世界大戦中、アメリカが力をつけていった

ところが第二次世界大戦でイギリスはドイツと戦争し、イギリスには連日ロケット弾が降り注ぎ、ドイツの戦闘機や爆撃機が空爆しました。イギリスは焼け野原になりました。また、大勢のイギリス軍をヨーロッパ大陸に送り込んで、フランスを舞台にドイツ軍と戦ったり、北アフリカを戦場にしたりして、戦いました。日本軍とも東南アジアで戦いました。この戦争で、イギリスはすっかり国の力が弱まってしまいました。

そのあいだに世界で大きな力を持つようになったのがアメリカです。第二次世界大戦中、アメリカは戦場になりませんでした。ヨーロッパの国々の多くが戦場になり焼け野原にな

ってしまったので、ヨーロッパではものをつくれません。そのためアメリカに生活必需品の注文が殺到しました。そうなれば世界中からアメリカに富が入ってきます。支払いがお金で間に合わない場合は金（キン）で払われ、アメリカにたくさんの金が集まるようになりました。

戦時中に連合国45カ国で会議が開かれた

第二次世界大戦中はなかなか貿易が行われませんでした。それどころか、敵国の貨物船を次々に撃沈し輸入や輸出ができないようにして、敵国の経済力を衰えさせることを各国がやっているという状況でした。

でも戦争が終わり世界が平和になったら再び貿易を始めます。そのときにどのようにお金の支払いをするか、世界のお金をどうするかを話し合う会議が開かれました。１９４４年７月、アメリカ・ニューハンプシャー州のブレトンウッズという小さな町にあるリゾー

バンコール思想

ケインズは、世界のお金を「バンコール」というバーチャルなお金にしたらどうかと考えました。金も含め、貿易で取引されているいろいろなものの値段を合成したバーチャルな架空の国際通貨をつくって、これで決済したらどうかという提案をしました。結局、当時は認められませんでしたが、いまになって脚光を浴びています。

ブレトンウッズ体制

1. 基軸通貨をアメリカドルに変更
2. 金１オンス＝ 35ドルに固定
3.IMF（国際通貨基金）創設
4. 世界銀行（当時の国際復興開発銀行）創設

トホテルに、世界45カ国の金融担当の関係者が集まり会議を開きました。この会議ではいろいろなことを決めました。世界のお金をアメリカのドルにすることもこのとき決まりました。戦後の国際通貨体制のことをこの地名にちなんで**「ブレトンウッズ体制」**と言います。

実はこのときのイギリス代表は、あの経済学者のケインズでした。ケインズは、アメリカのドルだけを世界のお金にしてしまうとやがていろいろな矛盾が起きてくる、それはだめだ、やめるべきだと主張しました。しかし、イギリスの経済力はすっかり衰え、アメリカの経済はどんどん発展していたため、ケインズの主張は受け容れられませんでした。ケインズの案をとっていれば、いまのような国際通貨の混乱や不安は起きなかったかもし

ＩＭＦ、世界銀行、旧ＧＡＴＴを中心とした国際経済体制。１ドル＝360円の固定相場制が続いた。

れないと言われるくらい、このケインズ案は見直されています。

ドル以外の通貨はドルに、ドルは金に交換された

このブレトンウッズでの会議により、世界のお金はドルになりました。ドルとそれ以外の国の通貨をそれぞれいくらで交換するというしくみができました。1ドルを何ポンドにするか、何フランにするか、決まっていきました。まだ日本は戦争していたのでこの中には入っていませんが、戦後に日本も参加することになります。

一方で、ドル自体は金の値段に固定しました。金1オンスを35ドルと決めたのです。その結果、たとえばフランスからアメリカへものを輸出して、フランスの企業が支払いをドルで受け取ると、フランス国内にたまったドルをフランス政府がアメリカに持っていって、このドルを金に換えてくださいと言えば、いつでも1オンス35ドルのレートで交換できる

オンス

オンスという重さの単位は、普通の重さの単位のオンスと、金に関しての重さである「トロイオンス」の2種類があります。1トロイオンスは、だいたい31グラムです。金31グラムが35ドルだったので、金1オンス35ドルと決められました。

ようになりました。

アメリカには世界中からたくさんの金（キン）が集まっていたからこそ、このようなことができたのです。いつでもアメリカへドルを持っていけば必ず金に換えてもらうことができた。お札を銀行に持っていけば必ず金に換えてくれるのは**金本位制度**です。つまり、世界的な規模でドルを金に換えることができる、いわば国際的な金本位制度が確立したということになります。世界の国々はドルに対して安心感があった。だからドルが世界のお金になったのです。このしくみを**ドル・金本位制度**と呼びます。

世界経済を守る2つのしくみをつくった ――ＩＭＦと世界銀行

このようにして世界のお金はドルになりました。これに伴い、各国の経済状態が悪くなった場合の混乱を防ぐため、また世界のお金の流れに混乱が起きないように、「国際通貨基金」と「世界銀行」という2つのしくみを同時につくりました。

国際通貨基金（ＩＭＦ：International Monetary Fund）は、アメリカの首都ワシントンにあります。貿易をするときにはドルで支払いをしますが、ドルをあまり持っていない国がたくさんあります。あるいは貿易をしたいけれど支払うべきお金がない。そうなるとその国の経済は混乱し、ひいては国際経済が混乱します。そのような混乱を

加盟国の出資で共同の為替基金をつくり、各国に利用させて為替資金繰りの円滑化を助けることを目的に設立された国際金融機関。

写真：Alamy/アフロ

国際通貨基金（IMF）

避けるため、困っている国にお金（短期的な資金）を貸してあげようということでつくられたのがＩＭＦです。

基金というのはファンド、お金の集まりのことです。世界のおもな国々がここにお金を出し合って、どこかの国の経済状態が悪い、お金が足りないときに貸してあげる、助けてあげるしくみをつくったのです。日本もたくさんのお金を出しています。

１９９７年、韓国で支払いをするためのドルがない、もうこのままでは韓国はやっていけないとなったときに、このＩＭＦが救済に乗り出しました。ただし助けてあげるのだからとそれなりの改革を求められ、このとき韓国では大企業や金融機関がバタバタと倒産し、大量の失業者が発生して経済の大混乱が起きまし

世界のお金は
ドルになりました

写真：AFP＝時事

世界銀行

た。韓国の人たちはじっと歯を食いしばって何とかその危機を乗り越え、いま経済が大きく発展しています。

そしてもう一つ、**世界銀行**というしくみができました。まさに世界の銀行です。たとえば開発途上国がいろいろな事業をしたい、新しい仕事をしたい、でもお金が足りないというときにお金を貸してあげるのが世界銀行です。日本も第二次世界大戦後、この世界銀行からお金（長期的な資金）を借りて、東海道新幹線などをつくりました。もちろんあとにその借金を返しましたが、借金を全部返し終わったのは１９９０年代に入ってからです。

世界のいろいろな国々が困ったときにお金を借りることができるこの２つのしくみも一緒につくった。これがブレトンウッズ体制です。

世界銀行

１９４４年のブレトンウッズ協定に基づいて設立され、46年６月に業務開始した国際金融機関の中心的存在。現在は途上国向けの融資が中心である。

ドルを使いすぎたアメリカ1――マーシャルプラン

こうして世界の国々は安心してドルで買い物をするようになりました。考えてみれば不思議ですよね。アメリカ以外の国々がドルで支払いをするのです。とりわけ石油は全部ドルで買われ、サウジアラビアやイラクなどにドルで支払いをしました。

ブレトンウッズ体制により世界の経済は安定していくかに見えたのですが、やがて限界がやってきます。その原因はアメリカがドルを使いすぎてしまったことにあります。

第二次世界大戦後のヨーロッパは焼け野原になり、経済が大変苦しい状態になりました。そのときにソ連がチェコスロバキア、ポーランド、東ドイツ、ハンガリー、ルーマニアなどを援助して東ヨーロッパの国々の経済再建を始めました。アメリカは慌てました。西ヨーロッパの国々がソ連のほうがいいと考えて社会主義の国になってしまったら大変だから

日本が世界銀行からお金を借りてつくったもの

日本も第二次世界大戦後に世界銀行からお金を借りてつくったものがたくさんあります。まず、夢の超特急であった新幹線、日本の大動脈と言われた東名高速道路、さらに新幹線のためにつくられた新丹那トンネル、世紀の大工事と言われた黒部ダムなどです。戦後日本は道路や鉄道、ダムなどのインフラ整備に、総額8億6000万ドル、現在の価値にするとおよそ6兆円を世界銀行から低金利で借りました。アメリカを中心としたブレトンウッズ体制が、日本の復興にも役立ったのです。

です。

アメリカは資本主義のほうがいいんだということをかたちにする必要があったので、西ヨーロッパの国々に莫大な資金援助を始めました。これを推し進めたアメリカの当時の国務長官の名前をとって、この計画を**「マーシャルプラン」**と言います。ちなみにアメリカの国務長官というのは日本でいうところの外務大臣にあたります。国務省というのは日本でいう外務省のことです。

西ヨーロッパの国々はマーシャルプランによって援助された資金を使って、自動車、機械、鉄鋼など、さまざまなものをアメリカから買うようになりました。それによってまたアメリカの経済が発展するという、好循環が始まるようになります。

マーシャルプランがＯＥＣＤへと発展していった

やがて西ヨーロッパの国々の経済が復興し、もうマーシャルプランは要らないということになりました。しかし、アメリカからお金を受け取ってそれで経済を発展させるというしくみがこのときできあがっていたので、恒久的な国際組織になりました。それが**ＯＥＣＤ**（経済協力開発機構）です。本部はパリにあります。いまＯＥＣＤというのは俗に「先進国クラブ」と言われていますが、最近は先進国以外も入るようになりました。

写真：Everett Collection/アフロ

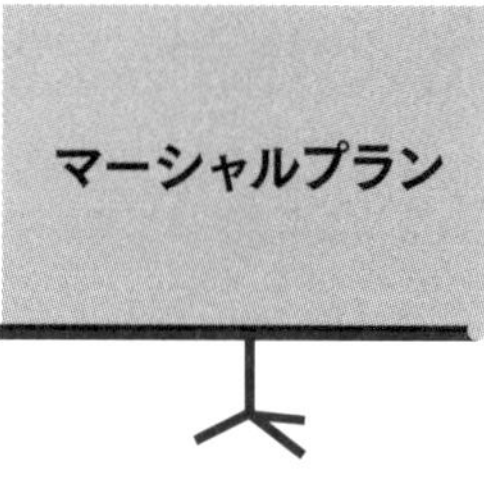

第二次世界大戦後の1948年～51年まで実施されたアメリカによるヨーロッパ復興計画のこと。無償もしくは低金利で経済援助が行われた。

日本は１９６４年に加盟しました。当時日本では、ついに先進国に追いついたんだと言ってお祭り騒ぎとなりました。韓国も１９８０年代の終わりに加盟しました。このとき韓国でもやはりお祭り騒ぎとなり大きなニュースになりました。ＯＥＣＤというのはもともとアメリカが西ヨーロッパを助けようとして始めたマーシャルプランに端を発しているのです。こうしてアメリカから大量のドルが世界に出ていったのです。

OECD
経済協力開発機構

先進国38カ国が加盟する国際機関。経済成長、貿易自由化、途上国支援に貢献することを目的とする。本部はパリに置かれている。

ドルを使いすぎたアメリカ２ ――冷戦

やがて東西冷戦の中でアメリカを中心とした資本主義の国々と、ソ連・中国を中心にした社会主義の国々がにらみ合い、

冷戦が始まっていきます。コールドウォー、冷たい戦争と書きます。実際には戦争をしないでにらみ合っているだけなので、このような言い方をします。

実際にアメリカとソ連は戦争をしませんでしたが、その周辺では多くの戦争が起こるようになります。たとえば**朝鮮戦争**です。これは北朝鮮と韓国の戦争ですが、アメリカは韓国を応援し、韓国に軍隊を派遣する。戦争にはお金がかかりますから、このとき大量のドルが使われました。

そして**ベトナム戦争**も起こりました。現在ベトナムは一つですが、かつては北ベトナムと南ベトナムに分かれており、北ベトナムが社会主義の国、南ベトナムはアメリカ寄りの資本主義の国でした。その南ベトナムの中で北ベトナムと同じような社会主義の国にしたいと考える人たちと、それを阻止しようとする人たちによる戦争が起こったのです。

アメリカは南ベトナムの資本主義体制を守るために、最盛期には50万人の軍隊を南ベトナムに派遣しました。そのベトナム戦争はやがて隣のカンボジア、あるいはさらにその先のラオスへと次々に広がっていきます。アメリカはインドシナ半島の全域で軍事作戦を行い、ここでも莫大なお金が注ぎ込まれました。ふと気がついてみれば、アメリカは大量のドルを世界中にばらまいていたのです。

冷戦

第二次世界大戦後、アメリカを中心にした資本主義国とソ連を中心とした社会主義国の対立のこと。アメリカは１９５０年に朝鮮戦争、１９６０年にはベトナム戦争に介入し、経済の弱体化を招いた。

ニクソンショックでドルの価値はどんどん下がっていった

このようにアメリカによって大量のドルが使われたため、イギリスやフランスは急に不安になってきました。アメリカのドルを持っていればいつでも金に換えてくれると言っていたけれど、世界中にこれほど多くのドルがばらまかれたら、アメリカが持っている金の量よりもドルのほうが多くなっているのではないかと考えたのです。

やがてドルは金と交換できなくなるのではないかという心配から、各国はその前に自分たちの持っているドルを金と換えてしまおうとしました。最初のうち、アメリカは約束を守ってドルを金に換えていました。その結果、アメリカが持っている金の量が急激に減って

アメリカ経済の衰退

マーシャルプランで注ぎ込まれたお金は、4年間で総額140億ドルと言われています。現在のお金でおよそ37兆円です。この結果、ドルが大量に世界中に出回りました。一方でヨーロッパにおけるアメリカの影響力を懸念したソ連は、連合国軍によって分割統治されていた西ベルリンを封鎖し、東西冷戦が本格化していきました。

その後アメリカは1950年の朝鮮戦争、1960年からはベトナム戦争にも介入し、このときも大量のドルを注ぎ込みます。ベトナム戦争の悪化に伴いアメリカ経済は弱体化し、保有する金はみるみる減っていきました。そして1971年、ついにニクソン大統領が金とドルの交換を一時的に停止するよう指示しました。これは通貨の安定とアメリカの国益を守るための決断だったのです。

いきました。このままでは金がなくなってしまうとアメリカは気がつきます。

そこで1971年、アメリカの**ニクソン大統領**が、もうドルを金と換えてあげないからね、という宣言をしました。私は経済学部の学生だったのですが、何のことかちんぷんかんぷんでした。ドルを金と換えてあげない？　それがどんな意味があるのだろうということが全然わかりませんでした。多くの人たちも何のことだか、このときわからなかったんですね。

それまで金1オンスを35ドルで交換することができました。アメリカのドルはいつでも金と換えることができるよという信頼があったからこそ、ドルの価値が高かったのです。でもこのときから突然、ドルを持っていっても金と換えてもらえなくなった。つまり途端に金本位制ではなくなったわけです。

アメリカのドル紙幣は単なる紙切れになってしまいました。でもほかに世界のお金として使えるものがなかったので、世界の国々はその後もドルを使います。ただし金との裏付けがなくなったわけですから、ドルの価値は下がりました。この**ニクソンショック**の直後に金1オンスは38ドルに上がりました。このあとも金の値段はどんどん上がっていきました。逆に言えば、ドルの価値はどんどん下がっていったのです。

©AFP＝時事

ニクソンショック
1971.8

1971年にニクソン大統領が発表した金とドルの交換停止のこと。

1ドル＝360円のレートは、日本経済発展のために決められた

ニクソンショックの前までは、日本の円は1ドル＝360円で固定されていました。なぜ360円だったのでしょうか。

戦後、アメリカは日本を占領していました。やがて日本とアメリカの間で貿易が再開され、1ドルをいくらにするかということを決めることになりました。ちなみに明治の初め、黒船がやってきて日本が開国しアメリカと貿易が始まったときは、1ドル＝1円で固定されていました。たまたまですが、両国とも金本位制をとっていて、1ドルで買える金の量と1円で買える金の量がほぼ同じだったのです。

その後アメリカの経済がどんどん強くなり、1ドルが2円になります。さらに第二次世界大戦の敗戦で日本の国力がすっかり弱り、1ドル＝2円という交換はできなくなりました。そこでアメリカの調査団がやってきて日本経済について調べた結果、当時の日本の経済力では1ドル＝320円～340円くらいがふさわしいだろうという報告書をまとめました。

このときすでに東西冷戦が始まっていて、日本のすぐ近くでは北朝鮮が社会主義の国になり、ソ連も中国も社会主義をどんどん推し進めようとしていました。アメリカ

としては、仲間である日本の経済を発展させることが、アジアのショーウィンドウになると考えました。資本主義で経済が発展する、日本をそのモデルケースにしたい。日本の経済を発展させるためには日本に有利なレートにしたほうがいいわけです。であれば1ドル＝320円〜340円より、360円にしたほうが日本にとって有利です。つまり本来の円の実力よりも安いレートにしてくれたのです。

1ドル＝360円という日本にとって非常に有利な交換レートに設定されたことによって、日本は輸出大国としてどんどん発展していくことになります。

スミソニアン体制で一気に52円も円高になった

ニクソンショックによりドルが金と交換できなくなって、ドルの信用はガタ落ちになりました。その結果、世界中で大混乱が起きたため、1971年12月に急遽アメリカ・ワシントンのスミソニアン博物館で緊急会議が開かれました。この会議で、世界のそれぞれのお金を1ドルいくらにするのかという相談をしました。それによって決まったもの、これを**「スミソニアン体制」**と言います。このときブレトンウッズ体制からスミソニアン体制に変わったのです。

そして1ドルは308円になりました。1ドル360円から一気に52円も円高になったのです。このニュースを聞いた多くの日本人は、キツネにつままれたような思い

有利なレートのおかげで日本は輸出大国になりました

ニクソンショック後、ワシントンのスミソニアン博物館で開かれた先進10カ国蔵相会議で合意された新通貨体制。固定為替相場制の維持を目指した。このとき1ドル＝308円に引き上げられた。

をしました。３６０円が３０８円になって何で円高なんだ、円安ではないかと多くの人が考えたんですね。

そうではない。皆さんはもうわかりますよね。先ほど言いましたように、１ドル＝３６０円が３０８円になったということは、３６０円出さないと買えなかった１ドルのチョコレートが、３０８円で買えるようになるわけです。ということは円の価値が高くなったわけですね。これが円高です。

［補足講義］4

円安だと、なぜ経済が発展するのか

安いレートが、なぜ日本にとって有利なのでしょうか。たとえば日本からアメリカに1万ドルの商品を輸出したとしましょう。1ドル320円であれば日本が受け取るお金は320万円ですね。でも1ドル360円だと1万ドルの商品を輸出すれば360万円受け取ることができます。つまり1ドルが320円よりは360円にしたほうが日本の経済は発展する。アメリカはこのように考え、わざと円安の水準で円を固定したのです。

1ドル320円を360円にすることがなぜ円安なのか。1ドル320円であれば320円払えば1ドルのものが買えますが、1ドルが360円になると360円払わなければ1ドルのものが買えない。つまり円の値打ちが下がっている、これが円安ということです。

これによって戦後日本はアメリカへの輸出を伸ばし、経済が発展していきました。日本経済が非常に発展し日本製品がどんどんアメリカに輸出されたことによって、逆にアメリカの産業がすっかり弱体化してしまいました。悲鳴をあげたアメリカが、それでは困る、日本は円高にしてくれということで「プラザ合意」につながっていくのです。

変動相場制でお金が「商品」になった

このスミソニアン体制でもう一度、世界各国のそれぞれのお金が1ドルいくらという組み直しをしました。しかしもうドルを持っていても、金と換えてもらえませんからドルに対する信用がなくなっていき、もっとドルが下がるのではないかという思惑があって、世界経済が混乱を始めました。

そこで混乱を避けるために相場の固定をやめよう、いつでもそのときの需要と供給によって値段が変わるようにしよう、ということになりました。そして1973年、ついに**変動相場制**になります。その結果、1ドル308円が300円になり、290円、280円と徐々に円高になっていきました。

ついにお金が商品になったんですね。お金が商品になったと言っても皆さんは何のことかなと思うかもしれません。もともとお金というのは商品を買うためのものですよね。ところがドルや円、ポンドなどいろいろな通貨の相場が変動するようになると、安く買って高く売るという商売の大原則がお金にも使えるようになるわけです。

たとえば、アメリカで1万ドル持っていた人がいます。1ドルが300円のときに1万ドルを円に換えると300万円になります。やがて1ドルが200円になったときに300万円を持っている人がこれをドルに戻せば、1万5000ドルになりますね。つまり、まず持っている1万ドルを円に換えて300万円にしておいて、1ドルが200円になった段階で円をドルに戻せば1万5000ドルになるから5000ドル儲かります。このように、お金を安く買って高く売るということができるようになったわけです。

外国為替市場の始まり——お金とお金の交換も売買である

そうなると、これで儲けようという人たちが大勢現れます。安いときにたくさん買って高くなったら売ろうということが世界的な規模で頻繁に行われるようになります。こうして円やドルの値段の変動が激しく起きるようになったのです。お金の売り買いです。お金を売り買いするというのは変な言い方ですが、**「お金を交換してまた交換する」ことをやって儲ける**。**これがお金をお金で買うということです**。

皆さんがコンビニに行って1000円を出して商品を買うと「買った」という認識をしますね。でもこれは1000円と商品を交換したということなのです。もともと経済の交流活動は物々交換から始まりましたよね。ものとものを交換する。その交換する片方がお金になっただけですから、お金と商品を交換していることになるわけです。

お金と商品を交換すること、これを「買う」あるいは「売る」と言っているわけですから、円とドルを交換することも売買なわけです。あなたがアメリカに旅行するために円をドルに換えると、「円売りドル買い」をしたことになる。逆に余ったドルを日本に持って帰って円に戻せばそれは「円買いドル売り」をしたことになります。これが世界で大規模に行われているのが外国為替市場なのです。

なぜこれほどの円高になったのか

さて、ではなぜ、かつてのような水準の円高にまでなっていったのか、そのメカニズムを見ていきましょう。これまで日本は輸出国として、とにかくたくさんのものを輸出してきました。その典型的なものが自動車です。日本は大変質のいい自動車をつくり、アメリカで大量に売りました。アメリカ人が買うのですから、お金はもちろんドルで払われます。日本の自動車会社にはドルがたくさん入ってきます。でも日本の自動車会社はいろいろな部品工場への支払いや社員の給料を円で払うわけですから、ドルを円に換えなければなりません。つまり「円買いドル売り」が起きます。

自動車会社、船会社、電機メーカーなど、日本のさまざまな企業がアメリカにものを輸出する。そのたびごとにドルを受け取りその大量のドルを円に換えるわけです。ドルを円に換えたいという企業が増すほど、円に対する需要が高まり円の値段が上がっていきました。こうやってじりじりと円高が進んでいったのです。

海外でものが売れるほど円高に苦しむ日本企業

円高になると何が起きるのか。たとえば1台1万ドルの自動車をアメリカで売るとします。1台売れると、1ドル240円のときは240万円の収入になります。でも円高で120円になれば1台売れても120万円の収入しかありません。円高になると輸出産業は儲けが少なくなります。240万円の収入を確保するためには、自動車を1万ドルではなく2万ドルにしなければならない。でも、高い値段にしたらなかなか売れない。

このように日本の輸出産業はジレンマに陥っていきました。一生懸命いいものをつくって、アメリカに輸出すれば輸出するほど、大量のドルを円に換えることになるので円高になっていく。円高になれば輸出しても入ってくる円は減り利益が減ってしまう。だから利益が上がるようにもっとコストを下げて、いいものをつくってアメリカに輸出する。売れるとまた円高が進む。この繰り返しによる悪循環が起きてしまったのです。

なぜ、円高ばかりが大騒ぎになるのか？

日本経済がこのような悪循環に陥ったため円高で大変だ大変だと言う人がいる一方で、輸入業者にとっては円高は大変ありがたいことです。円の価値が上がるわけですから、海外のものを日本円で安く買うことができるのです。お店で円高還元セールをやっていたりしますよね。円高になって困る産業がある一方で、大喜びする産業もあるんですね。

外国為替というのは、それぞれの立場によっていい悪いは違ってくるのだということです。円高になって大変だというニュースが目立つので、皆さんも円高＝悪いというイメージがあると思います。輸出産業にとってはそのとおりですが、輸入産業にとってはうれしいことなのです。

ではどうして円高で大変だと大騒ぎをするのか。企業というのは自分の産業にとってマ

川柳にみる日本企業のジレンマ

「働いて、円高にして首を絞め」という川柳があります。自分たちが一生懸命働いた結果、円高になって結局それは自分の首を絞めることになるということを詠んだものです。日本はどんどんものを輸出することによって経済が発展する一方で、円高が進み自らを苦しめるというジレンマに陥ったのです。

イナスのことが起きると、大変だと大声を出して政府に助けを求めます。反対に、儲かっている産業は、儲かって儲かってしかたがありませんなんて言ったら反感を買うだけですから、黙っています。大声を出しているほうがニュースになりやすいということです。

日本の輸出産業低迷は多くの企業にとってマイナスである

もちろん、円高で騒ぐ理由はそれだけではありません。日本の場合、輸出産業は非常に裾野が広いのです。

たとえば自動車産業では、円高で打撃を受けるのは自動車メーカーだけではありません。自動車はたくさんの部品からつくられます。窓のガラス、タイヤのゴム、プラスチック製品、エンジンの部品。そしてそれらをつくるさまざまな会社があります。自動車を1台つくるのに部品が1万個必要だと言われています。だから自動車が売れなくなると、さまざまな産業に大変な影響があるのです。そのため円高になり輸出産業がマイナスになると、大変だ大変だと大騒ぎになるのです。

円高で日本人は金持ちになった？

円高不況で輸出産業が打撃を受ける一方で、強い円にはプラスの側面もありました。円相場の推移をグラフで見てみましょう。ブレトンウッズ体制から1971年までは固定相場で、1ドル＝360円でした。それが308円になり、1973年2月に変動相場制に移行すると、その後、円はほぼ右肩上がりで上がっていきます。90〜100円の水準まで進んだ時期をみると、単純に70年代と比べると、ドルで見た円の価値は4倍に膨らんだことになります。

Chapter.3で説明した「バブルの時代」（1980年代から1990年代前半）には、不況を招いた円高によって、ドルで見た日本経済は大きくふくれあがりました。

円相場（対ドル）の推移

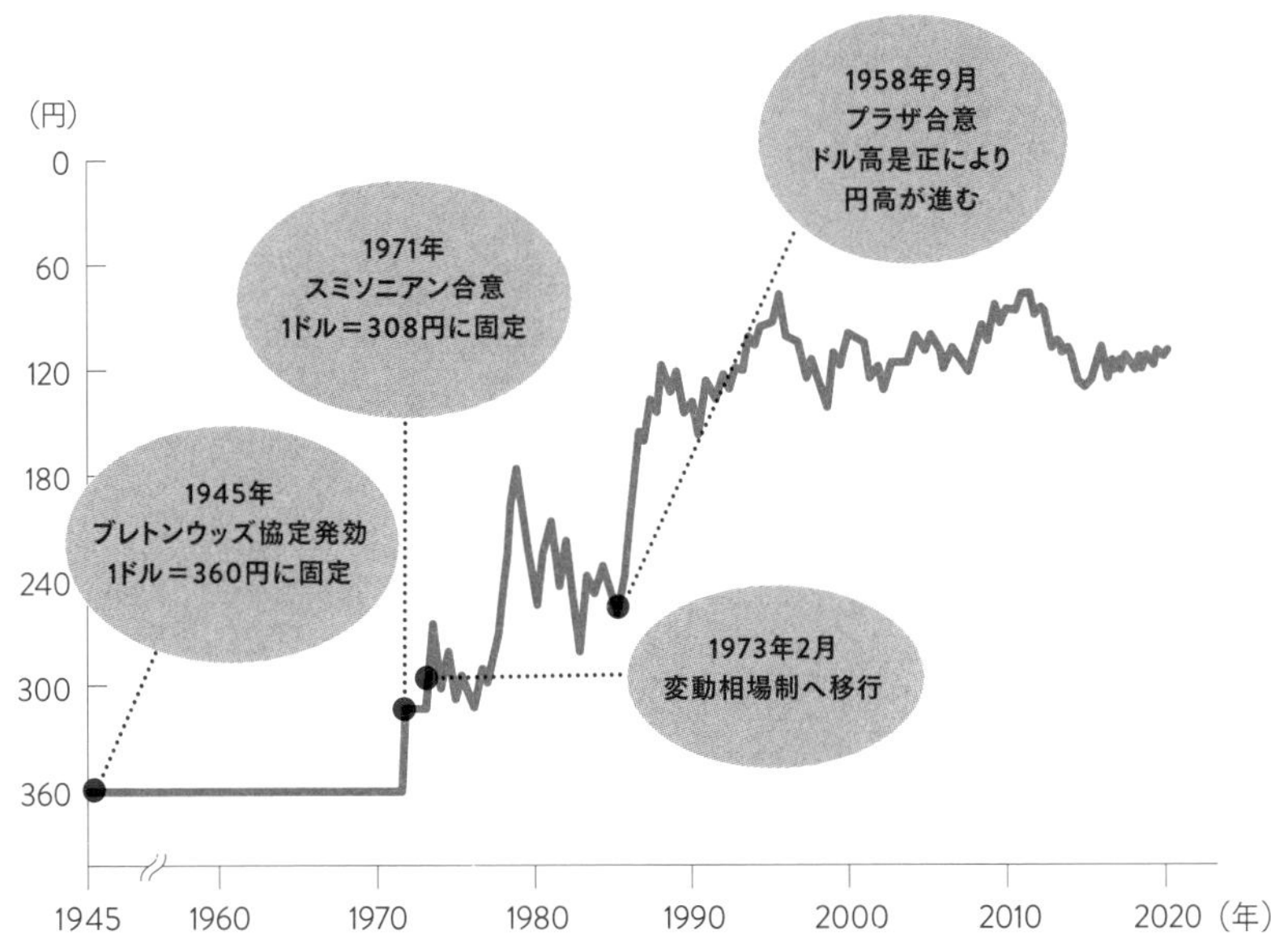

急にお金持ち、成金になったといえばいいでしょうか。史上最高を記録した貿易黒字を背景にしたジャパンマネーが世界に向かってあふれだしました。海外直接投資がブームになり、三菱地所がアメリカ・ニューヨークのロックフェラーセンタービルを買ったことなどにも、そうした背景があったんですね。当時は、海外旅行もブームになりましたね。円換算すると「うわっ、安い」と思って、大量にブランド品などを買ってくる光景があちこちで見られたんですね。

円高を食い止める手段──政府・日銀による為替介入

こうして円高が進んでしまったときによく行われるのが、政府・日銀による為替介入です。ふだん円とドルは自由に外国為替市場＝マーケットで売買され、自然に値段が決まっています。そこにあえて政府が乗り出し意図的に値段を上げ下げする、これが**為替介入**です。「政府・日銀による」という言い方をよくしますが、実際にやるのは政府で、日銀は単に指示を受けて売買の現場で作業をするにすぎません。

では、政府・日銀の為替介入はどのように行われるのでしょうか。政府は円が高すぎるので何とかして円を安くしたい、円売りドル買いをすれば、円高を止めることができるのではないかと考えたとします。でも、売るための円をどうやって調達するのか。

為替相場を安定的に維持するため政府や中央銀行が外為市場で外貨を売ったり買ったりすること。

そこで政府は**「政府短期証券」**というものを発行します。1カ月や2カ月または半年や1年未満の満期がきたら、利子をつけてお返ししますという借金の証文のようなもので、国債と同じようなものです。これをいろいろな金融機関に買ってもらいます。つまり借金をするわけです。それによってお金が生まれますね。そのお金を使って政府は日銀に対して「このお金を使って円を売ってドルを買いなさい」と指示を出します。その指示に基づいて日銀が実際に外国為替市場で円を売ってドルを買います。これが為替介入と呼ばれるものです。

日本はあまりにも円高になりすぎたので、この為替介入を実施したことがありますが、実はこの為替介入はどこか一つの国だけでやっても、なかなか効果が上がりません。プラザ合意のときはアメリカ、日本、イギリス、

政府・日銀の為替介入

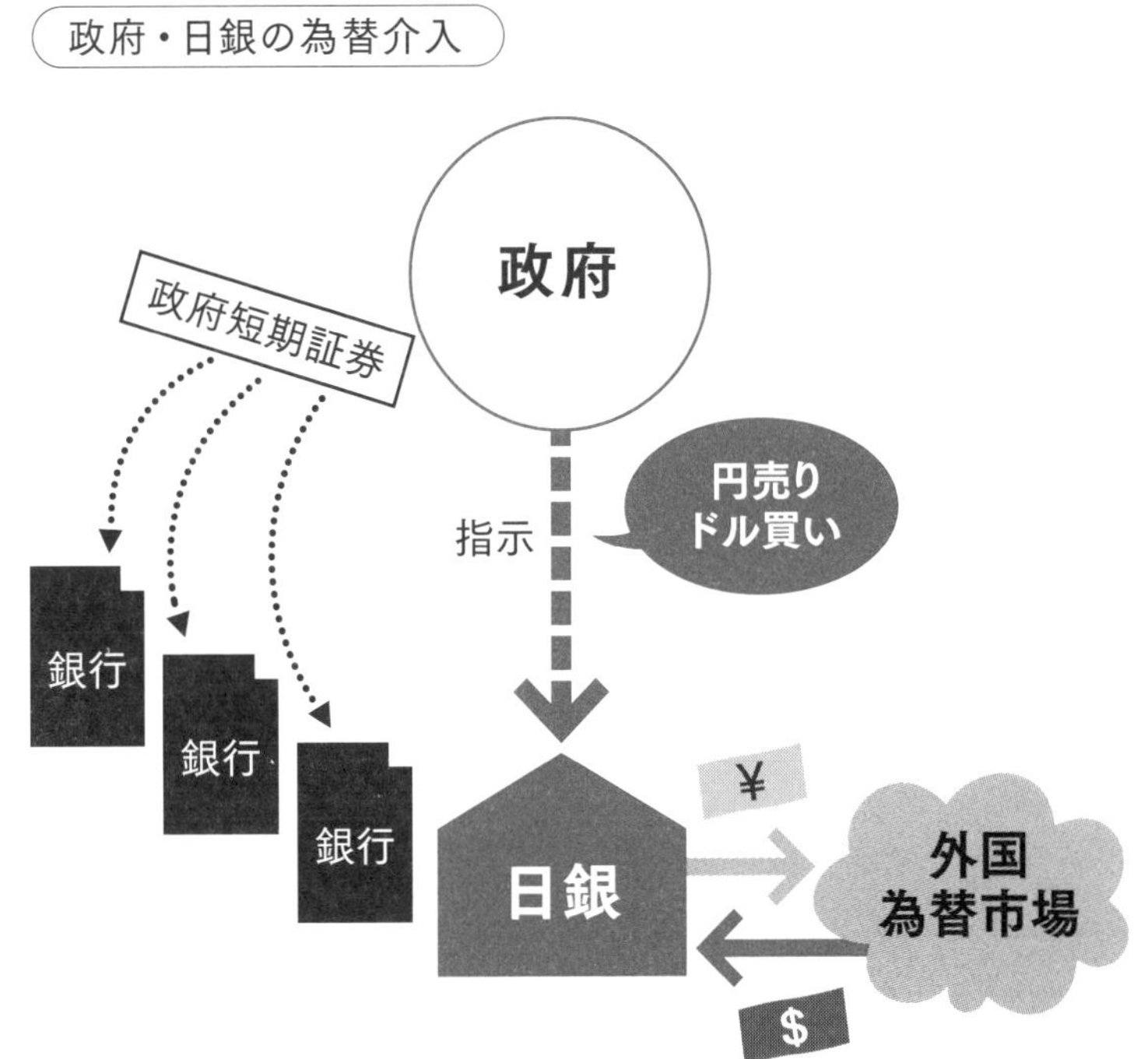

西ドイツ、フランスなど世界の先進国がドルが安くなるようにみんなで一緒に為替介入をやりました。これを「**協調介入**」と言います。

各国でうまくタイミングを合わせれば、協調介入はそれなりに効果があります。でも円高を何とか止めようと行ったのは、日本だけの「**単独介入**」でした。円安にしようとして大量に円を売ってドルを買い、政府はドルを大量に保有しました。でもやっぱり円高に進んでいく。ということは政府が買ったドルは値打ちが下がっていくということになりますね。これで日本政府はたくさんの損害を抱え込んでしまったのです。

お土産はジョニ黒

1ドルが360円だった時代、洋酒を日本で買うととても高かったので、海外旅行のお土産に免税店でお酒を買ってくることがよくありました。いまではそんなものというものが当時は貴重品だったのです。ジョニーウォーカーの黒、略称ジョニ黒と言いますが、海外に行く人には「ジョニ黒をお土産に買ってきてくれ」というのが合い言葉になるくらい、とにかく日本国内では値段が高かったのです。

震災後に円高になった理由――アメリカと欧州の経済不安

２０１１年３月11日の東日本大震災のあと、円が非常に値上がりしました。日本経済が大打撃を受けた、普通なら円安になるだろうと思っていたら円高になったのです。

不思議ですよね。これにはいくつかの要因がありました。

一つは、アメリカの経済です。リーマン・ショック後、非常に悪い状態が続いていました。アメリカはせっせと経済対策のために国のお金を使っているので、財政が赤字になっていきます。その結果ドルに対する不安が広がりドル安になり始めました。そこで、ドルを保有している世界の多くの投資家がいまのうちに安定して将来値上がりが見込めるお金に換えておこうと考え、ドルをユーロに換えました。

しかし、今度はしばらくして、ギリシャが財政赤字を隠していたことが明らかになり、国が破綻しそうになりました。ギリシャはユーロという通貨を使っていますから、ドイツやフランスその他いろいろな国がギリシャを助けるためにお金を貸します。ところが財政が危ないのは、ギリシャだけではなかったのです。イタリアやスペイン、ポルトガルなども大きな赤字を抱えていました。こうなると、ユーロ自体のお金の価値がどんどん下がります。

ドルが不安だからユーロに換えたのに、ユーロもだめだった。こうして世界の投資家たちが次に安全なものとして円を選んだんですね。一部にスイスのフランに換えた人たちもいます。スイスフランも安定していますが、もともとスイスフランというのはそもそも取引される量が限られているので、必ずしもすぐには換えられません。

一方、円というのはすぐに換えられます。世界でいつでも売買できるのが、ドル、次がユーロ、その次が円です。このところ中国の経済が非常にいいので人民元に換えておこうとしても、人民元を簡単にドルに換えることはできません。さらに言えば中国は中国共産党が絶対的な力を持っていますから、ある日突然人民元をドルに換えてはいけない、ユーロに換えてはいけないという命令が出るかもしれない。だから人民元を安心して持っているということはできないのです。

いつでも欲しいものに換えることができる、これはシリーズ1巻目のケインズのときにやりましたね。**流動性選好**です。いつでも換えやすいからみんなが円を買っている。これは日本経済が発展するだろうと考えたから円に換えたのではなくて、ドルもユーロもだめだから、消去法で円が選ばれて雨宿りしたということです。

こうした消去法によって円を買う動きは「有事の円買い」とよばれます。ここ数年の円安傾向にともなって徐々に薄れていたのですが、２０２０年の新型コロナウイルスのパンデミックが起きると、かつての「有事のドル買い」が復活してきたのです。歴史的な危機が起きているときに、頼れるのはやはり、国際決済通貨「世界のお金」であるドルなんですね。２０２２年にロシアによるウクライナ侵略が始まると、円売りドル買いの動きが強まって、円相場は6年ぶりに1ドル＝１２０円を突き抜けて、さらに円安が進んだんですね。そして、１４５円台まで下がった２０２２年9月、政府・日銀は24年ぶりに円買い・ドル売り介入に踏み切りました。円高抑制では反対方向の介入ですね。過度な変動を抑えなければ、物価の上昇に拍車をかけかねないとの判断も働いたようです。

産業の空洞化――円高がまねく工場の海外移転

円高によって引き起こされる現象としてとりわけよく言われるのが「**産業の空洞化**」です。日本全体がシャッター通りになるようなものと考えてもらうとよいかもしれません。

海外に商品を輸出している産業、たとえば自動車産業がいい例ですが、円高が進むと一生懸命ものをつくって売ってもあまり利益が上がらない。だったらいっそのこと海外に出ていったほうがいいんじゃないかと考えます。円高ドル安ということは、アメリカの労働者に支払う給料が円で考えると昔に比べて安くなっているわけです。それならアメリカに工場をつくって、アメリカの労働者を雇って自動車をつくれば円高に左右されずに利益が上がる。このようにして、日本の企業がどんどん海外へ出ていってしまいました。人件費が安いという点で言えば、アメリカより中国です。中国で商品をつくって日本に輸入するというかたちをとるのです。中国もだいぶ経済が発展して人件費が上がり始めているので、最近はベトナムあたりに工場が移ってきています。

本来なら日本国内の工場で日本人を雇って国内の経済が発展していくはずですが、**それが海外へ流出してしまえば国の産業にぽっかりと穴が空いてしまうわけですね。**

日本の為替介入

円高基調が続いていた当時、日本では円相場の安定を実現するために繰り返し円売りドル買いの為替介入が行われました。2011年10月31日、外国為替市場で円が戦後最高値の1ドル75円32銭まで高騰したのを受けて、政府・日銀が単独での為替介入に踏み切りました。10時25分一斉にスタートし、介入から1時間後には1ドル79円台まで円安が進みました。

しかしこの単独介入もむなしく、2週間後には1ドル77円台に戻ってしまいました。12月、財務省は10月末からの為替介入が総額9兆916億円だったことを発表しました。

介入後の円の対ドル相場

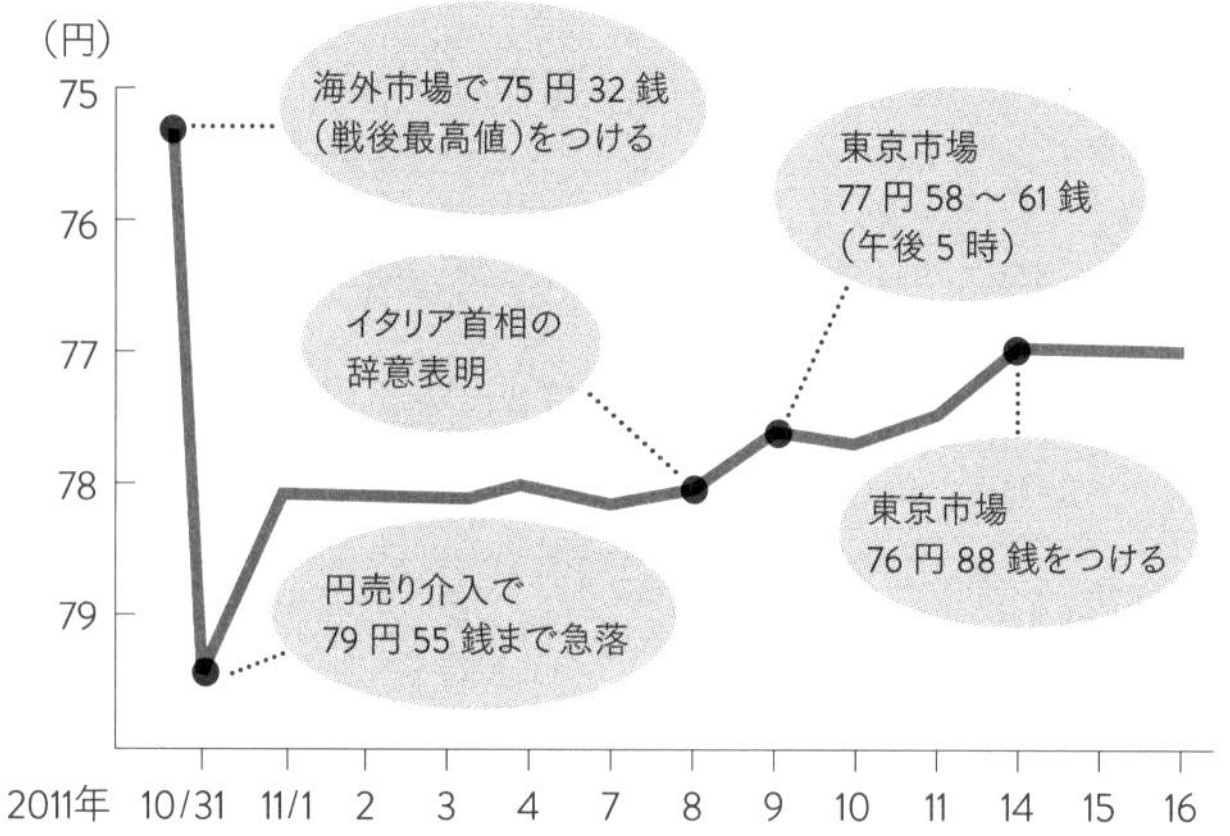

これが産業の空洞化です。国内の工場で働くはずだった人たちは働き口を失うことになります。それぞれの企業にとっては海外移転が最善の判断であっても、企業がみんなそれをやると日本国内にとっては困ったことが起きる。ある種の**合成の誤謬**がここでも起きているということですね。

産業の空洞化は、国内の雇用が失われるだけでなく、日本企業が持っている技術が海外に流出することにもつながってしまいます。その企業だけにとどまらず、巡り巡って日本経済全体の力を弱くすることにもなりかねません。このため、円高が進行した1980年代後半あたりから、この空洞化が心配されてきたのです。

これを食い止めるにはどうしたらいいのか。安上がりの商品をつくるなら断然、海外のほうが有利です。人件費が違いすぎます。中国やベトナムに行けば日本の何分の1、何十分の1です。そうなると安さで勝負してもとうてい勝ち目はありません。日本でしかつくれないもの、高くてもみんなが買ってくれるもの、そういうものに特化していかないと、日本の産業は非常に苦しいということなのです。「アメリカ・ファースト」(米国第一主義)を掲げて2017年に就任したトランプ米大統領が、米企業に対して海外工場を国内に戻すよう強く求めましたが、そこには産業空洞化へのいら立ちがあったんですね。

ただ、このところ、ずいぶん様子が変わってきました。円安の進行などで製造業にとって海外展開が必ずしも有利ではなくなってきているのです。中国やベトナムなどの人件費がだんだん上昇し、海外生産と国内生産のコストにあまり差がなくなってきていました。そこへ、新型コロナウイルスの感染拡大、ロシアのウクライナ侵略で、物流網が寸断されたことなどを背景に、海外からの原材料、製品の価格上昇が続きました。部品などの納入が遅れ、製品が作れない企業も増えたんですね。そこで、一部の企業では、海外の生産拠点を日本国内に戻したり、材料を国産に切り替えたりする「国内回帰」の動きが加速しているんですね。中でも、米中貿易戦争や感染防止のロックダウン（都市封鎖）などが影響して、中国離れが一段と進んでいるといいます。

帝国データバンクが２０２３年１月にまとめた調査によると、海外調達をしている企業の４社に１社が、「生産や調達の国内回帰または国産品への変更」を実施または検討しているそうです。その理由として、半数を超える企業が「安定的な調達のため」と回答し、４割を超える企業が「円安による輸入コストの増大」をあげていました。いまのような円安傾向が続いていくと、国内回帰がさらに進んで、しばらくは空洞化に歯止めがかかるかもしれません。こうした円安や円高といった為替相場の変動が、日本企業の興亡、日本経済の盛衰を大きく左右してきたということを、皆さんはよく覚えておいてほしいですね。

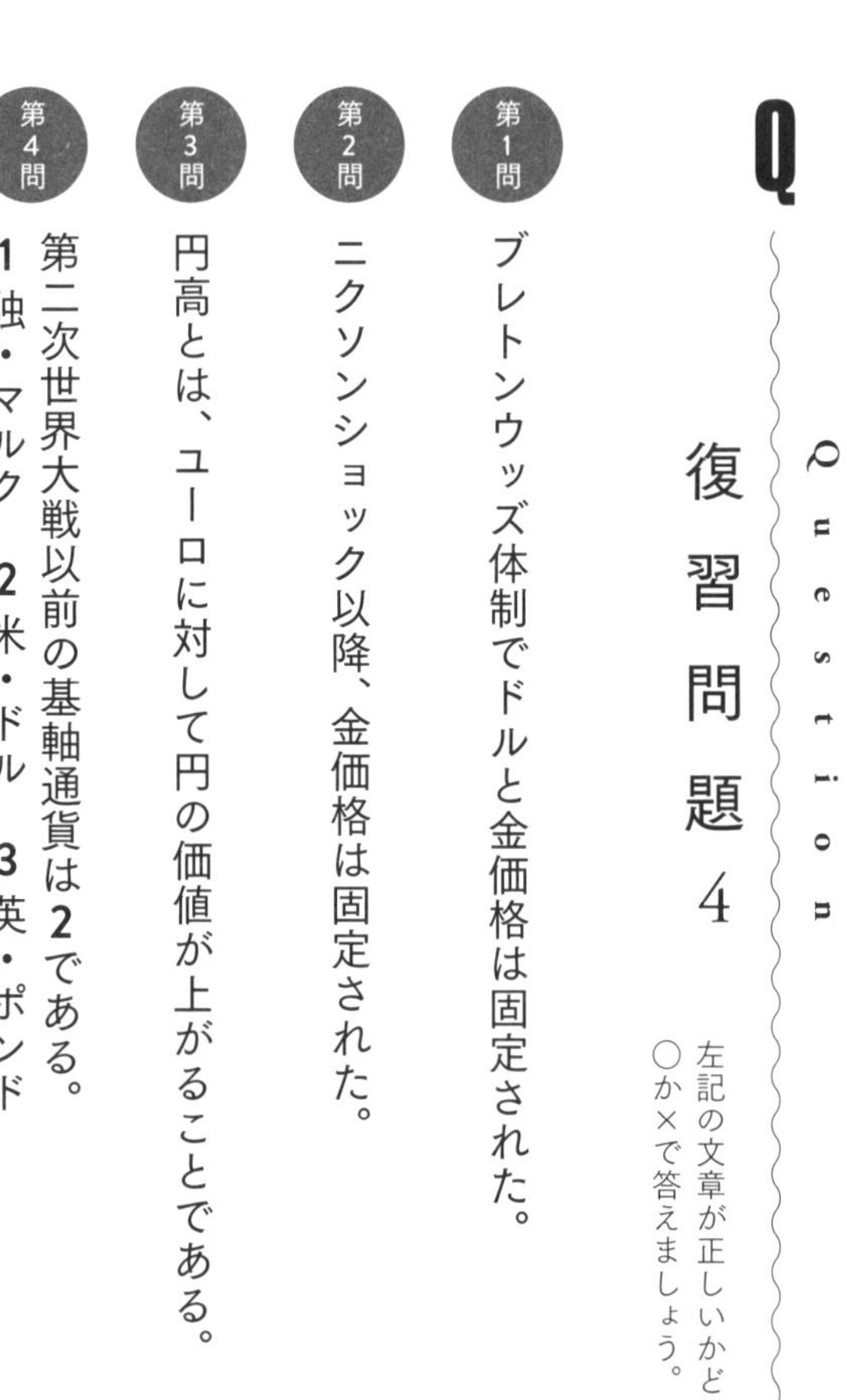

Q

復習問題4

Question

左記の文章が正しいかどうか、
○か×で答えましょう。

第1問 ブレトンウッズ体制でドルと金価格は固定された。

第2問 ニクソンショック以降、金価格は固定された。

第3問 円高とは、ユーロに対して円の価値が上がることである。

第4問 第二次世界大戦以前の基軸通貨は**2**である。
1 独・マルク　**2** 米・ドル　**3** 英・ポンド

＊答えは 283 ページにあります

Chapter.5

君は年金をもらえるか

——どうする少子高齢化

日本がいま直面している大問題は「少子高齢化」です。
パンデミックや老後のリスクにも備える社会保障制度は、
人口減でお金が続かなくなってしまいます。
年金や医療保険の財源の柱でもある
消費税の特質も解説します。

やさしい経済NEWS

老後資金は「貯蓄から投資へ」

年代別NISA口座数

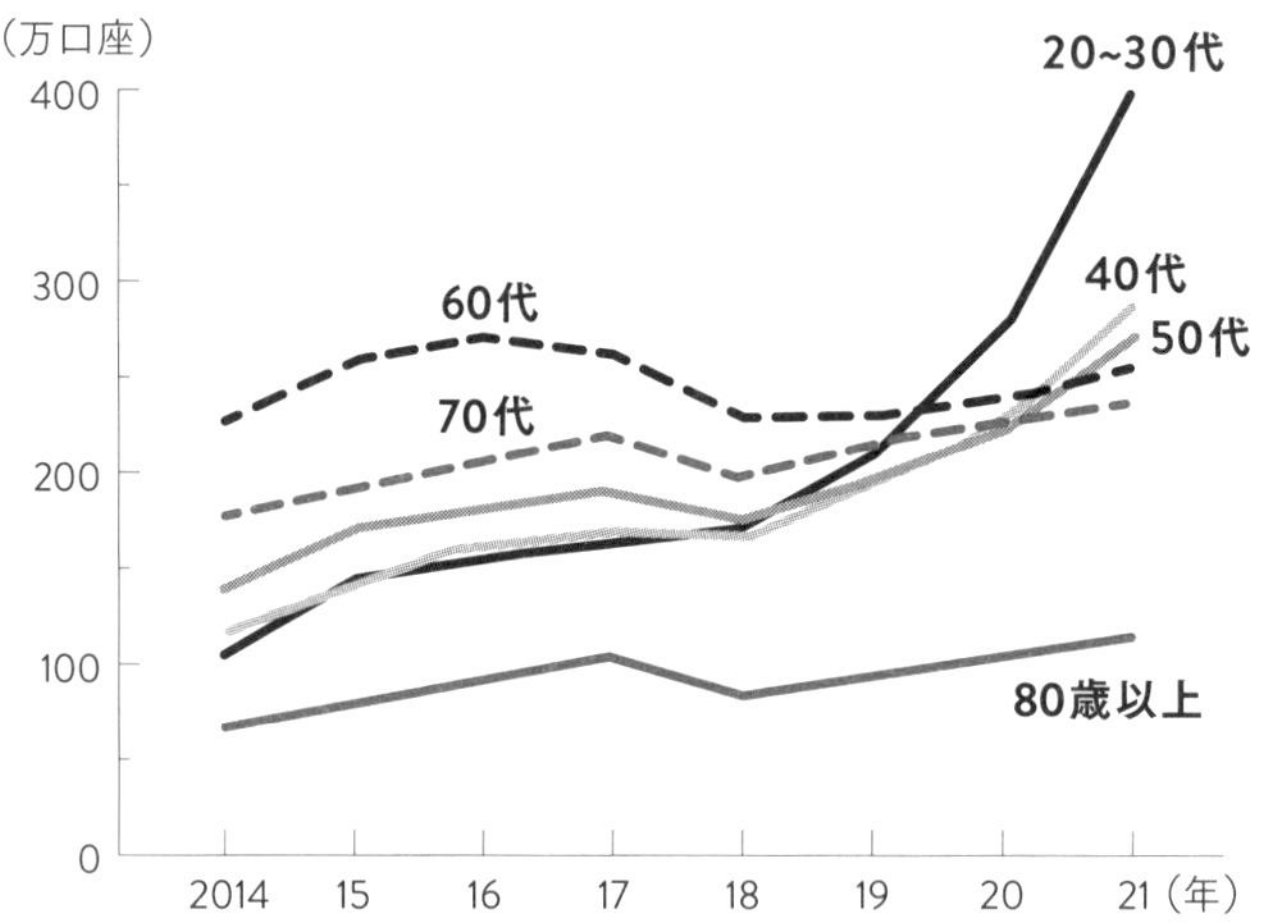

出所　金融庁資料より。各年末時点。「一般NISA」と「つみたてNISA」の合計

投資で得た利益に対して非課税になる、NISA（少額投資非課税制度）やiDECO（個人確定拠出年金制度）は、老後の資産形成という面で注目されている。特に若い世代の加入率が伸びている。

年金は保険の一つ

皆さんが新型コロナウイルスに感染したり、ケガなど様々な理由で働けなくなったりしたときに、頼れるのは社会保障制度ですね。いまの世界には、感染症や自然災害など個人では対応できないリスクがあふれています。そのリスクに社会全体で対応して、医療や老後、介護、失業などにかかわるお金をまかなうしくみなんですね。そのかなりの部分が国民が払う税金からでています。ここでは、少子高齢化の進展、人口減に直面して、年金などさまざまな社会保障制度を支えている財源が危うくなっているという点を学んでいきましょう。

まず知っておいてほしいのは、社会保障制度の大部分は、〝保険〟だということです。医療、年金、介護、みんな保険の一種ですね。保険はリスクに備えるものです。

最初は、保険について考えていきます。**年金も保険の一種です。保険はリスクに備えるものです。**昔、大航海時代に、海に出ていった船がどこかで沈むと、大変な損害になりました。船が沈んだときの損害を取り戻すために、保険をかけようということになり、みんながお金を出して保険会社をつくったわけです。

損害保険会社の名前を思い出してください。損害保険会社はだいたい海上や海上火災という名前がついていますよね。もともと海の上で船に何か起きたときに保険が支払われるというかたちで始まったのが、損害保険です。

生命保険は、一家の大黒柱、お金を稼いでいる人が突然の事故や病気で亡くなったときに、家族が路頭に迷ったりすることがないようにしようというものです。

保険会社には大原則があります。これを**「大数の法則」**と言い、大勢の人が集まることによって全体の見通しが得られることを言います。生命保険会社も損害保険会社もこれで成り立っているのです。

たとえば、皆さんが保険会社を始めたときに、お年寄りばかり集まったら、次々に病気になったり、亡くなったりして支払いが大変になり、あっと言う間にパンクしてしまうでしょう。大勢の人に保険に加入してもらうと、社会全体の平均寿命に次第に近づき、どれくらいの保険金を用意しておけばよいか、全体の数字が読めるようになり、経営が安定してくるのです。

日本は「国民皆保険」

日本の健康保険は、国民皆保険です。つまり全員が何らかの保険に入らなければいけないというしくみになっています。一般の企業だと企業の健康保険組合がありますし、学生や自営業者は国民健康保険があります。それ以外にも、船に乗っている人は船員保険、その他に共済保険などがあり、日本国民は必ず何らかの健康保険の制度に

確率論の基本法則の一つ。たくさんの人を集めると、社会全体の平均寿命に次第に近づき、1年間に支払う保険金や集める保険料、亡くなる人の数などの計算ができるようになる。

入らなければいけないということになっています。

そのおかげで、病気になったときに、加入している健康保険の保険証を持って病院に行けば、原則として3割の料金を払うだけで済んでいるわけですね。あとの7割は皆さんが払い込んでいる健康保険料によって、まかなわれています。だから保険証がないと大変高い金額を請求されることになるのです。これが日本の健康保険制度です。

アメリカの健康保険制度

一方、アメリカには、国民みんなが入るという健康保険制度はありませんでした。オバマ大統領になって不十分ですけれども、ようやくある程度の多くの人たちが健康保険に入れるようなしくみをつくりました。２０１４年１月から通称オバマケアと呼ばれる制度が始まりました。

それまでアメリカでは約４８００万人、国民の約16％が健康保険に入っていませんでした。ですから、病気になると大変ですよね。たとえば、アメリカでは盲腸（中垂炎）の手術はだいたい日本円にして１００万円かかります。盲腸になったら１００万円払わなければいけない。多くの人が保険に入っていませんから、ちょっと家族が重い病気になると、一家破産ということが少なくないんです。こうした無保険者をなくそうというのが医療保険改革の狙いだったんですね。

大企業に就職すると、その企業が保険料を払ってくれるので、保険は充実しているのですが、リストラされて辞めた瞬間に無保険者になり、破産する人たちが大勢います。でもアメリカは新自由主義のフリードマン流の、保険に入るかどうかは個人が決めることであり、それを国が勝手にみんなから保険料を取り上げて保障するというのはけしからんという考え方が浸透しています。

オバマ政権によって、みんなが保険に入れるような医療保険制度をつくったのですが、共和党系の人たちから、「憲法違反だ」と訴えられ、裁判があちこちで行われました。そして、「これは憲法違反であり、やめるべきだ」という判決が連邦の地方裁判所レベルでいくつも出たのです。

最終的には、最高裁判所で「合憲である」という判断が下されましたが、国民皆保険には程遠い状態が続いています。いまだに、約2800万～3000万人が無保険のままで取り残されているという試算もあるんですね。

コロナ禍が米国の無保険者を直撃

こうしたアメリカの無保険者を、今回の新型コロナウイルスによるパンデミックが直撃しました。盲腸になったら、100万円かかるといわれるほど医療費が高い国ですから、医療保険に入っていない人たちが感染してしまうと、病院に行けない、治療を受けられないということが起こったんですね。

感染が爆発的に広がった2020年春には、アメリカで無保険の患者が治療を受けようとすると、470万～820万円の自己負担が発生するという試算が公表されました。検査や治療にかかる費用をまかなえない人々の破産を招き、さらに感染をひろげることにつながりかねないと心配されたのです。感染者がウイルス検査に行かずに重症化して、家族や地域に広げてしまうといったことがあちこちで起きました。生活環境が厳しい、経済的に弱い人たちにしわ寄せがいったわけです。

2023年5月までにアメリカの感染者は1億人、死者は110万人を超えました。これだけの被害を出したコロナ危機は、どこまで米医療制度の見直しや改革を促すでしょうか。一方で、保険に入るかどうかは個人の自由という考えも依然として根強いので、改革の方向が見えてくるまでには、まだまだ時間がかかるかもしれません。

日本の感染者は約3300万人、死者は7万4000人を超えています。日米の保険制

生かせなかったパンデミックの教訓

新型コロナ以前に起きたパンデミックが、2009年4月の新型インフルエンザでした。メキシコから始まり、世界的に大流行し、WHOは警戒レベルをフェーズ6に引き上げて、日本でも感染者数は2000万人を超えました。短期間に6人に1人が感染した新型インフルは、1968年の香港風邪以来、41年ぶりでした。直後から、新たな感染症への備えが重要だと指摘されていましたが、今度も、その教訓を生かせなかったんですね。

度の違いがこの数字にどの程度、表れているかはわかりませんが、私たちは、アメリカに比べたら、それほど費用の心配をせずに医者にかかれる状況にありました。ウイルス感染が拡大するたびに診療体制がひっ迫するなど「医療崩壊」の問題もたびたび起きてしまいましたが、公的な医療保険のおかげで、お金の面では安心して入院や治療ができた人が多かったのではないでしょうか。

介護保険制度ができた理由

介護保険制度は２０００年に始まりました。この保険も年をとって自分ではなかなか自由に動けなくなるというリスクに備えて、できたんですね。日本は世界で最も高齢化が進んでいる国なんですね。年を取ると、どうしても病気やケガをしやすくなる人が増えてきますよね。

そもそも日本では家族の誰かが動けなくなったら、家族で面倒を見る。家族といっても、長男の嫁が見ることが多かったんですね。たとえば、父親と母親が家事ができなくなったり、一人では外出が難しくなったりした。長男夫婦と同居していれば、息子は会社に働きに行くから、家にいる奥さんが義理の父親と母親の面倒をみることになった。でも、これでは女性に一方的な負担がかかりすぎていました。さらに、核家族化が進んだことで、こうした形は減っていますが、介護のために仕事を辞めるとい

った介護離職が増えて社会問題にもなりましたね。この介護離職は毎年10万人にものぼるとみられています。高齢化の進行で、とても、個人では抱えきれないリスクが増えてきています。だれもが介護を受ける可能性があるんですよね。そこで、介護の負担、老後の不安を社会全体で軽くしようということで介護保険ができました。

40歳から健康保険料と一緒に、介護保険料を払うようになり、65歳からは、より本格的に介護サービスが受けられる内容に切り替わります。日常生活で介護や支援が必要になった場合に、自治体の窓口で「要介護（要支援）認定」の申請をします。要介護、要支援のレベルが決まると、それに応じて、家事支援やリハビリなどのサービスを受けられるようになります。当初は、加入者の負担は実費の1割でしたが、現在は年収などに応じて、1～3割になっています。２０２０年には、約６７０万人が要介護認定を受けていて、介護や支援が必要な高齢者を支えているんですね。

最期まで元気でぴんぴんしていれば、この保険を使うことはないかもしれません。でも、そんな人はおそらく珍しいのではないでしょうか。さらに、高齢化が進めば、病気などで生活に支障が出る人はもっと増えてくるでしょう。だれもが介護や支援が必要になるかもしれない。これは、そうした高齢化のリスクに備える保険なんですね。

長生きのリスクに備える年金保険

介護保険は高齢化にともに増えてくる介護や支援に的を絞った保険ですが、年金はもう少し幅広いリスクに備える保険なんですね。つまり、長生きのリスクに備えるものです。長生きのリスクって不思議でしょう。まさに経済学的な発想ですよね。長生きはいいことで、めでたいことです。それをリスクと考えるというのは一体どういうことでしょうか。

健康でたくさんお金があって、長生きできれば、すばらしいことです。でも、仕事がない、あるいは年をとって収入がなくなった、蓄えがない、病気になるかもしれない。長く生きているけれども、病気になったりして貧困にあえいでしまうというリスクに備えようというのが、年金保険です。誰でもそうなる可能性がありますから、みんな一緒に入ろうということで年金制度になりました。

年金保険のしくみ

年金保険は、よく2階建て、あるいは3階建てという言い方をします。まず自営業者や学生が入るのが**国民年金**です。企業に勤めている人や公務員は**厚生年金**です。厚

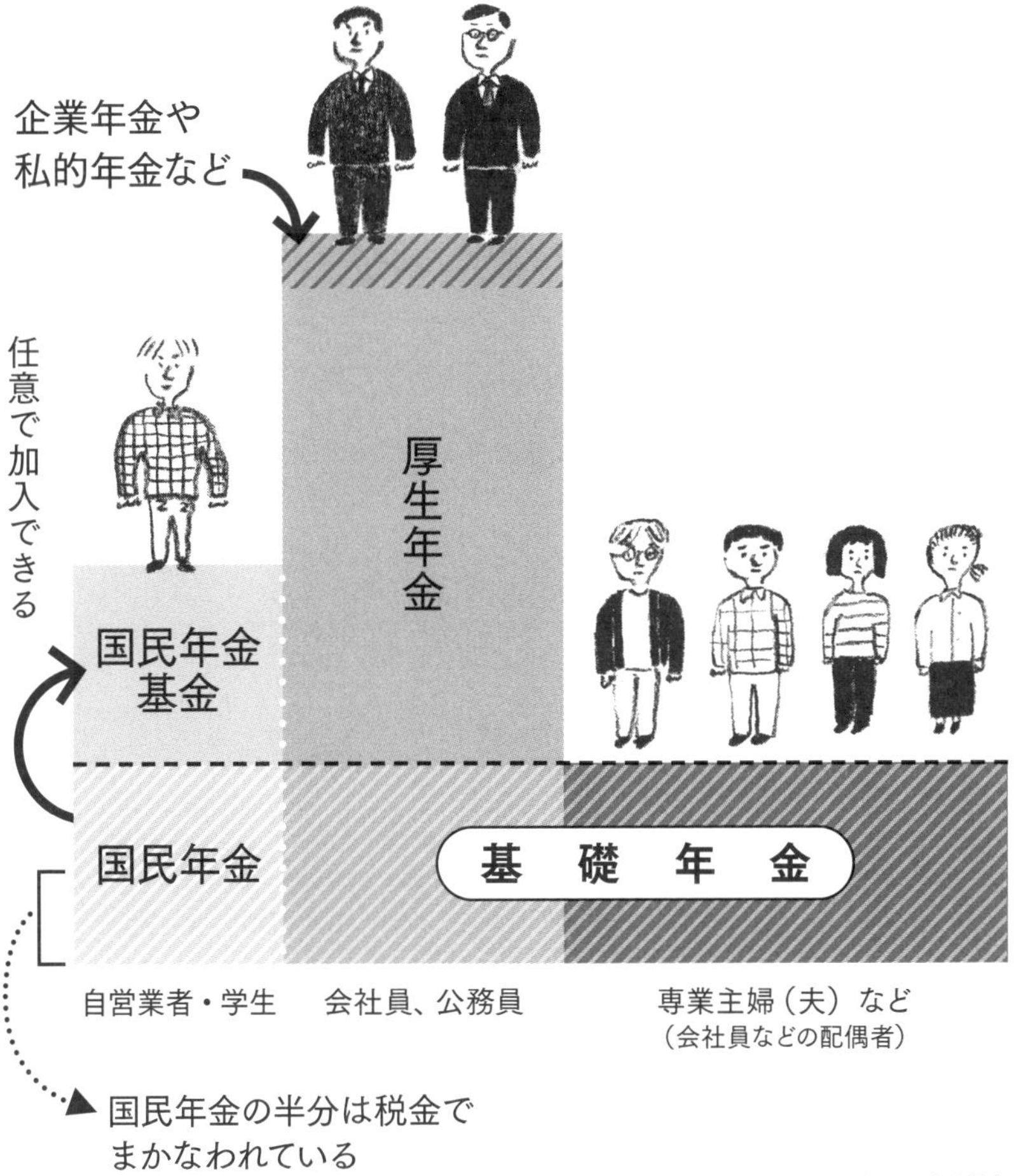

企業年金や
私的年金など

任意で加入できる

厚生年金

国民年金
基金

国民年金

基　礎　年　金

自営業者・学生

会社員、公務員

専業主婦（夫）など
（会社員などの配偶者）

国民年金の半分は税金で
まかなわれている

出所 厚生労働省

長生きの
リスク？

生年金の下の部分は、国民年金と同じです。この部分を基礎年金と言い、自営業者や学生はこの部分しかもらえません。厚生年金は、この基礎年金とその上の部分、まさにこれを2階建てというのですが、この部分まで含めてもらえるわけですね。それは企業も年金保険料を積み立てているからです。社員だけではなく、会社側も積み立てをしているから、その分高いお金がもらえるんですね。

かつては、これとは別に、共済年金というのがありました。国家公務員、地方公務員、私立学校の先生が対象で、下の階の部分は基礎年金で同じだったのですが、2015年10月に厚生年金に統一されたんですね。それまでは、公務員は自営業者や会社員より保険料が安く、しかも「職域加算」というのがあって、老後に受け取る年金額も多いなど優遇されていました。この不公平感が社会問題になったこともあって、公務員と私学教職員などは厚生年金に加入することになったんですね。

積み立てから助け合いに変わった

こうした高齢化、長生きのリスクに備える公的年金制度が直面している最大の問題は、少子高齢化です。欧米諸国とは比較にならないほどの速さで高齢化が進み、人口の減少も始まったことで、保険制度そのものが立ちゆかなくなる恐れが出てきているんですね。働いている人が出すお金で運営しているので、子供の数が減って将来、働く人がどんどん少なくなれば、働けなくなった人たちにお金を回すことができなくなるわけです。

もともと年金制度は、若いうちにお金を積み立てて、年をとってからそれを受け取るというしくみでした。これだと積み立ててから受け取るまで、非常に長い時間がかかるわけですね。当時は、積み立てをする人は増える一方、受け取る人は非常に少ないという状態でした。

お金がたくさんたまっているなら、受け取る人にどんどん渡して、年金の額を増やせばいいと、田中角栄内閣のときにしくみが変わりました。自分で積み立てるのではなくて、若い人が納めたお金を、お年寄りに渡すしくみに制度が変わったんですね。

いま年金を受け取っているお年寄りが若いときに払い込んだ保険料は、当時のお年寄り

の年金に使われました。今度は皆さんが払い込んでいる保険料を、いまのお年寄りが受け取るというしくみになっているんです。

これを日本の厚生労働省は**「世代間の助け合い」**という言い方で呼んでいます。皆さんが保険料を払い込んでいれば、それによっていまのお年寄りを支えるわけですから、将来皆さんがお年寄りになったときに、今度はそのときの若い人が払い込んだ保険料を受け取る権利が生まれるのが、日本の年金制度です。

そうは言っても、若い人が大勢いて、お年寄りの数が少なければ、年金がたくさんもらえるかもしれない。でも若い人の数がどんどん減っていけば、もらえる金額は限界があります。いまのお年寄りは、払い込んだ額よりも多くの年金を受け取っています。まもなく受け取る世代の人たちは、払い込んだ額と受け取る額がほぼトントンになり、皆さんの世代になると、払い込んだ金額ほどは受け取れない状態になるのではないかと言われています。それでは、ばかばかしいから入らないという人が大勢いる。そういう人が大勢いれば、年金制度は崩壊してしまうことになります。

以前、国は、「年金に入りなさい」とあまり言いませんでした。それは「入らなかったら受け取れないだけですからね」という考えが少しはあったからです。しかしそれで制度が崩壊してしまっては困るため、「みんな入りましょう」と言うようになりました。

トラブル続いた年金制度

社会保障制度の維持が難しくなるのではと心配されている中で、年金業務に関連した不祥事やトラブルが相次ぎました。しくみそのものが難しくなりつつあるのに、実務を担当するお役所などで不始末が続いたんですね。それで、国民は難しいしくみの運営をまかせていて、大丈夫なのかと不安になってしまったんですね。

2004年には、グリーンピア問題が起きました。年金保険料が本来の年金給付以外の事業に安易に使われていることが問題になったんです。グリーンピアというのは巨大なリゾート施設です。年金受給者のための保養施設という触れ込みでした。田中角栄首相が「日本列島改造」を推し進めた1970年代に「たくさんお金が余っているのだから、これで新しい事業を始めよう」と、当時の旧厚生省（現厚生労働省）の役人がリゾートホテルを全国につくりました。その資金には厚生年金の積立金が注ぎ込まれました。厚生年金は民間企業の人たちが積み立てたお金です。そのお金を使って各地にリゾートホテルなどをつくり、天下り先にしたわけです。コンサートや演劇の会場として知られていた厚生年金会館も、まさにその厚生年金でつくられていました。

お役人が行う事業ですからみんな大失敗です。膨大な赤字を出して、ものすごく安い値段ですべて売却されました。

なぜ年金記録問題が起こったのか

年金の手続きなど実務を担当していた社会保険庁が長年、いいかげんな仕事を続けてきたことが明るみに出るなどトラブルが相次ぎます。過去には、年金手帳を1人で何冊も持っているということがありました。たとえば会社に就職したときに厚生年金の手帳をもらい、そのあと自営業者になったときに国民年金の手帳をもらって、2つの手帳を保管している人。女性だと独身時代の厚生年金の手帳を持ちながら、結婚後は夫の扶養家族になる人が少なくなかったのです。

人によって年金手帳がいくつにもなるのはおかしい、統一しようということになり、社会保険庁が新しいコンピューターシステムで、手帳を一本化したんですね。当時のコンピューターのシステムでは、名前を片仮名で打ち込むことになっていました。「一刻も早くやれ」といった結果、極めて無責任なことが行われました。

それぞれ年金手帳には名前が書いてあります。たとえば、「裕一」であれば、ユウイチやヒロカズなど読み方はいろいろありますよね。「裕」だけでも、ヒロシと読むのかユウと読むのか異なります。「裕子」もユウコと読むのかヒロコと読むのか、漢字だけでは読み方がわかりませんよね。

本当は一人ひとりの漢字の名前について、正しい読み方の片仮名で入力しなければいけないのに、大急ぎで行うために、担当者が勝手な判断で打ち込みをしたんですね。その結果、本人が正しい読み方で社会保険庁に伝えると、「そんな記録はありません」ということが起きました。これが**消えた年金記録**です。

ずさんな入力をしたため、ちゃんと保険料を納めていたのに、手帳を一本化するときに別の名前の人にされて、自分の記録がコンピューターに残っていないということ

保険制度改革を行った田中内閣

コンピューター付きブルドーザーと形容された田中角栄氏は、1972年7月に総理大臣に就任しました。翌年、福祉元年と銘打って、年金の給付額の大幅な引き上げ、老人の医療費無料制度の創設、高額医療費制度の導入など、大胆な制度改革を実施したのです。グリーンピア構想も始めました。この大盤振る舞いが、後に重くのしかかることになりました。

©ullstein bild/時事通信フォト

も起き、大変な騒ぎになったのです。ずさんな役所の仕事という点では、いま問題になっている、マイナンバーを別人にひも付けた誤登録の問題とも重なりますね。「消えた年金問題」が起きたことで、1962年から社会保険の実務を担当してきた社会保険庁は廃止されます。2010年1月には、年金事務を担当する「日本年金機構」が設立されました。いまでは、年金の仕事は、この機構がやっているんですね。

グリーンピアや年金記録問題など不祥事が相次いだことが響いて、制度そのものに対する不安や不信がさらに強くなりました。担い手である若い人が減って、しくみそのものが危ういと言われていましたから、これを機に、国民の不信感をぬぐって、年金制度をなんとか立て直そうと、政治も本腰を入れて動きだすんですね。

そこで、「社会保障と税の一体改革」というものが出てきました。社会保障というのは、年金や医療などの保険制度のことです。なぜ、税と一体かというと、制度を支えるお金は、加入者が払う保険料と国民の税金から出ているんですね。少子高齢化が進んでいけば、年金給付は膨らみ、税金から出すお金がもっと必要になることは目に見えている。だから、年金制度の立て直し、信頼回復とセットにして、安定した財源も確保しようという、「一石二鳥」を狙うことになったんです。その税金の柱が消費税でした。そもそも、高齢化に伴う社会保障にかかるお金をまかなうためにと、1989年に導入されたのが消費税（間接税）だったといういきさつがありました。これを5％から段階的に10％に引き上げて安定財源にすることにしたんですね。

２０１２年６月には、民主党（当時）の野田佳彦首相が改革を推進して、民主・自民・公明の「３党合意」が成立しました。この合意に沿って、一連の「社会保障・税一体改革関連法」ができます。これが、その後の年金制度の骨格をつくって、のちの消費税引き上げにもつながっていきます。それまで社会保障の費用をまかなうとだけ説明されていた消費税は、このとき初めて、「年金、医療、介護の社会保障給付費ならびに少子化対策の経費に充てる」とはっきりと法律で定められました。

この改革には、年金の財源確保と合わせて、パートなど短時間労働者への厚生年金の適用拡大や産休中の社会保険料の免除など子育て支援策も盛り込まれていました。共済年金を厚生年金に統合する一元化も、このとき行われたんですね。税率の引き上げを表明した野田首相は総選挙で敗北し、２０１２年12月には、第２次安倍晋三内閣が成立しました。その後、消費税は、２０１４年４月から８％に、２０１９年10月から10％に引き上げられました。

２回の引き上げで、年金の財源不足は心配しなくてよくなったのでしょうか。実は、焼け石に水で、いまだに消費税の税収だけで社会保障の費用をまかなうところまではいっていません。いずれ、また、引き上げざるを得ないという話がでてくるかもしれませんが、これには、かなりの抵抗が予想されますね。消費税がどういう税金かについては、あとで、もう少し詳しく説明しますが、その前に、まず社会保障制度を揺るがしかねないほどの少子高齢化、人口減少が進む日本の人口の推移を見ておきましょ

消えた年金記録のうち解明されたのは6割

年金の支払いを保証する記録が、ずさんな管理などで誰のものかわからなくなったのが消えた年金問題です。2007年の発覚当時、不明の記録件数は実に5,095万件にのぼり、歴代の総理が年金記録問題の解消を約束してきました。

65歳の男性は、年金支給の手続に年金事務所を訪れたところ、20代の頃に支払っていた厚生年金の保険料5年分が記録から漏れていたことがわかりました。昔勤めていた会社の名前を言ったところ厚生年金の記録が見つかり、年金がさかのぼって支給されることになりました。

この男性のように記録がなくなっているケースは、いまでも珍しくありません。消えた年金記録5,095万件のうち、解明されたのは3,100万件にすぎないのです。いまだに1,995万件の記録の持ち主がわかっていません。

う。

人口ボーナスと人口オーナス

日本の少子高齢化は恐ろしいほどのスピードで進んでいます。人口が減り続けて、坂道をころがるように急速に、高齢者が多く若者が少ない超高齢社会になりつつあります。では、90年ほど昔はどうだったのか。1935年の日本の人口は、見事なピラミッド型でした。若い人が大勢いて、お年寄りは非常に少ない。これだと大勢の若い人が年輩の人を支えることができます。

15歳から64歳までの人たちを**生産年齢人口**と言います。そして14歳以下の人たちは年少人口、65歳以上の人たちは老年人口です。老年人口と年少人口を合わせて、**従属人口**と言います。生産年齢人口の人たちによって支え

生産年齢人口

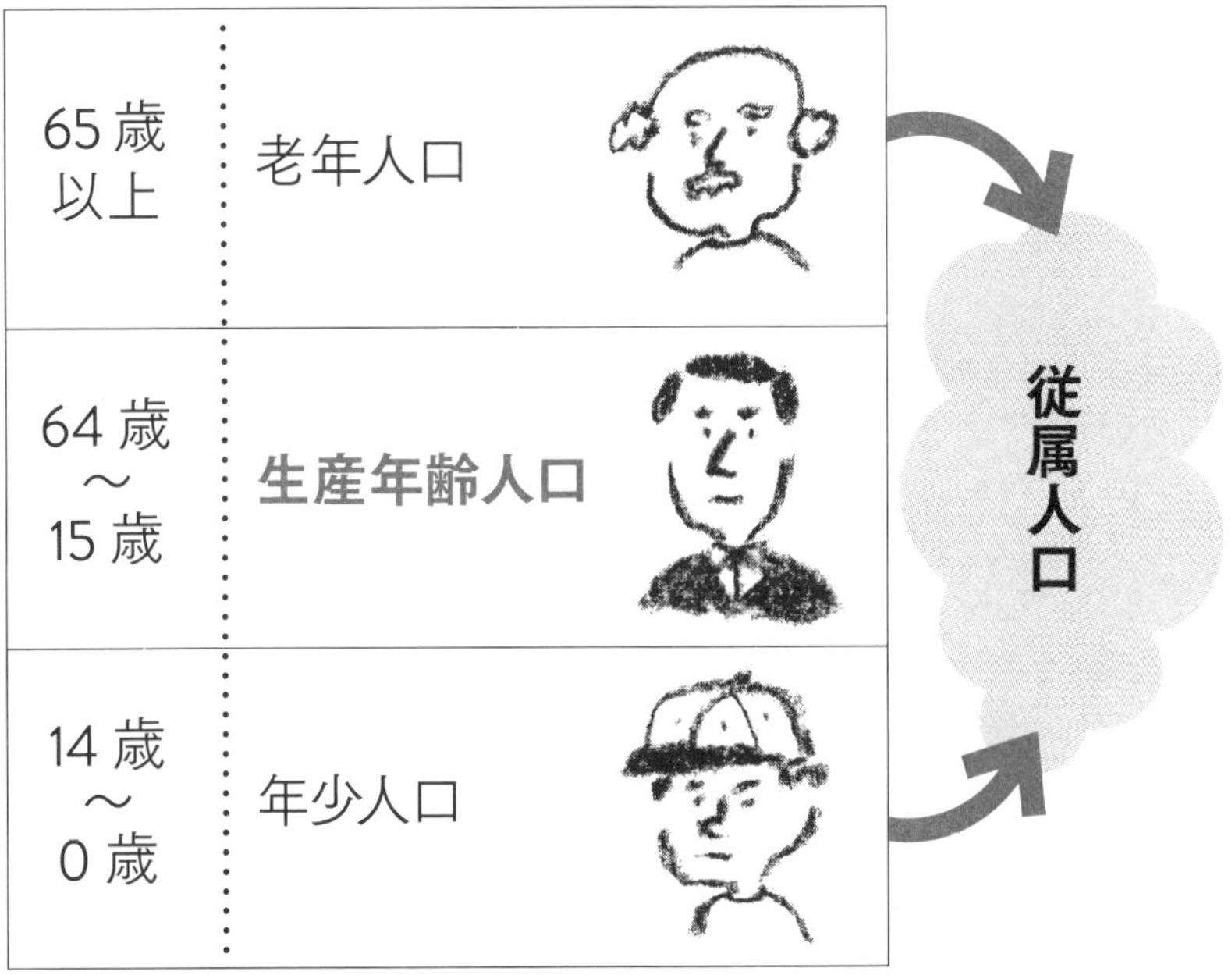

65歳以上	老年人口	従属人口
64歳～15歳	**生産年齢人口**	
14歳～0歳	年少人口	従属人口

られているのが従属人口という考え方ですね。生産年齢人口の人たちはたくさん働き、活発に消費をするからです。

１９３５年の日本は、15歳から64歳までの人が非常に多かったのです。一方、14歳までの人、あるいは65歳以上の人はそれほどではありません。これは１９６５年になってもそうです。生産年齢人口が非常に多いということがわかります。この人たちがみんな働くわけですから、お年寄りを支えたり、若い人たちの世話をしたりするのもたやすいことでした。

しかし２０２０年は、ずん胴になってしまいました。ずん胴になるということは、前ほど子どもも生まれてこないし、医療制度が発達していますから、みんな長生きをするようになる。その結果、この生産年齢人口が次第に減って老年人口が増える。つまり、従属人口が増えてくるわけですね。

１９３５年や１９６５年のように、生産年齢人口がどんどん増えて働き手が増えていくのは、社会にとってそれだけボーナスになっているので、これを**「人口ボーナス」**と言います。日本が高度経済成長のときは、まさに人口ボーナスがあったことによって経済が非常に発展した。この人たちがたくさん働いて稼ぐと同時に、活発に消費するわけですね。だから経済が発展する。

それに対して２０２０年のように、生産年齢人口がどんどん減ってくる一方、その人たちに支えられる人たちが増えてくるのが**「人口オーナス」**です。オーナスという

●**生産年齢人口**
15歳以上、65歳未満の年齢層のこと。14歳以下は年少人口、65歳以上は老年人口と言い、この２つを合わせて従属人口と言う。

のは重荷という意味です。人口が重荷になってしまう。それまでは人口がどんどん社会にとってボーナスになっていたのが、重荷になってきます。お年寄りが増えてくると、それを支えるのは実に大変なことなのです。

国立社会保障・人口問題研究所がまとめた「日本の将来推計人口」(令和5年推計)によると、2070年には、日本の総人口は8700万人に減少し、高齢化率(65歳以上の高齢者が総人口に占める割合)は、39%に上がると推計されています。人口のほぼ4割が高齢者ということですね。びっくりするのは、生産年齢人口の減少です。50年で約3000万人の現役世代が消えるといいます。これだけの働き手がいなくなれば、その負担はますます重くなるわけです。高齢者、現役世代、子どもの割合はだいたい「4対5対1」ですね。2023年4月には、少子化対

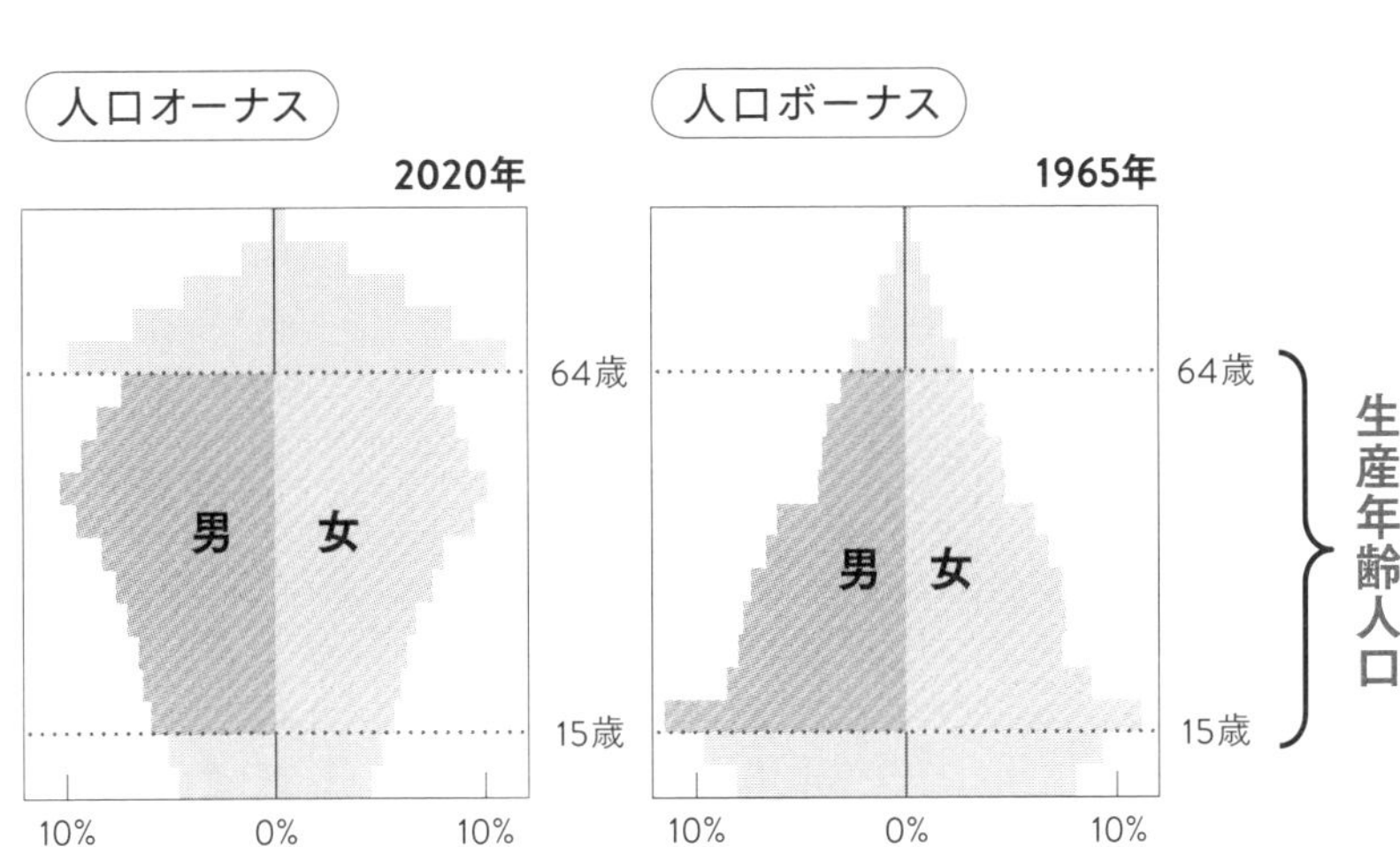

国立社会保障・人口問題研究所のデータをもとに簡略化して作成

策に取り組む「こども家庭庁」が発足しましたが、それだけ危機感が強いということなんですね。

人口ボーナス社会から人口オーナス社会に突入しつつあるのは、日本だけではありません。先進国に共通のことですし、生まれる赤ちゃんの数が非常に少ないわけですから、どんどん生産年齢人口が減っていくわけです。

お隣の韓国は、日本よりも合計特殊出生率（一人の女性が生涯に産む子どもの数）が低く、少子高齢化が急速に進んでいます。2065年には、高齢化率で日本を抜くともみられていて、深刻な人口オーナス期を迎えます。国連の「世界人口推計2022」によると、中国の人口は2022年に14億2589万人で、減少に転じました。合計特殊出生率が低下、生産年齢人口も減少、高齢化率も上昇していて、すでに人口ボーナス期からオーナス期に入ったようです。

直間比率の見直し

さて、日本のオーナスを支えている消費税とは、どんな税金なのでしょうか。税金には**直接税と間接税**があります。直接税は、その税金を負担する人と払い込む人が同じです。所得税は、働いた人が直接納めるわけですから、直接税になります。それに対して間接税は、その税金を負担する人と払い込む人が異なります。

直接税は、法律上の納税義務者と実際の税の負担者が同一である税金のこと。間接税は、法律上の納税義務者と実際の税の負担者が同一ではない税金のこと。消費税、酒税などが代表的。

間接税の典型的な例は消費税です。皆さんが買い物をしたときに消費税を払い、税を負担していますが、消費税はそれを受け取った商店がまとめて税務署に納めています。酒税も間接税で、ビールや日本酒を飲んだ人が酒税を払いますが、その税金を国に払い込むのは酒造メーカーやビール会社です。酒税のように特定の品目を選んでかけるものを個別間接税と呼んでいます。これに対して、消費税は原則として、商品やサービスの種類を問わず、幅広く課税する「課税ベースの広い間接税」です。それも取り引きごとに売上額から仕入額を引いた付加価値にかける付加価値税なんですね。それで名前が決まる前は「大型間接税」や「新型間接税」と呼んでいました。

直接税と間接税をどれくらいの比率にしたらいいのかというときに、よく出てくる言葉が**直間比率**です。直間比率とは、直接税と間接税の比率を何対何にしたらいいのかということで、世界の先進国で標準的なのが5対5。税収のうち、直接税で入ってくるのと間接税で入ってくるのがほぼ同じということです。

日本はどうなっているかというと、直接税が6に対して間接税が4です。これを5対5にしたほうがいいのではないかという議論があります。これが直間比率の見直し問題です。直接税を減らし間接税を増やす。あるいは直接税はそのままで間接税を増やす。つまり消費税を上げるという話が**直間比率の見直し**です。「消費税を上げます」と言うと反発されますから、刺激的なことを言いたくないときに、「直間比率の見直し」と言うのです。

直間比率の見直しを翻訳すれば、「消費税を上げます」。税金をめぐる政治家や役人の議論でストレートなものの言い方をすると、国民から批判されるため、持って回った言い方をするのです。ですから、直間比率の見直しについて議論が行われたというニュースが出たら、消費税を上げるかどうかの議論が行われたと読み替えてください。これは景気の影響を受けやすい。**直接税と間接税の特徴**を言うと、直接税は所得税や企業が払い込む法人税です。不景気になると当然収入が減るわけですから、所得税なども減ります。不景気になったとたんに、直接税はどーんと下がります。でも不景気になったからといって、買い物を急に減らすことはありません。少しずつ減らしていくかもしれませんが、すぐに減らすことはありません。だから消費税の収入はすぐには減らない。景気が落ち込んだときに、間接税の比率が高いと、国の税収が急に減ることはないんですね。

ところが直接税のほうが多いと、景気が悪くなったとたんに国の税収も減ってしまうという問題があります。だから直間比率をなるべく5対5にしたほうがいいのではないかという議論が行われているのです。日本の場合は6対4で直接税のほうが多く、景気の変動を受けて不景気になるとすぐに税金が減りやすい。だから消費税を増やしたほうがいいという議論がありますが、その一方で、消費税の**逆累進性**が問題視されています。

所得税のように所得が多い人ほど税金の比率を高くしていくのが累進課税で、累進

●**直接税と間接税の特徴**
直接税は景気変動を受けやすいため、不況時には税収が大きく落ち込む。間接税は景気の影響を受けにくい。

税率が高くなると、所得の低い人の負担の割合が高くなること。

性があります。消費税では、お金持ちもそうでない人も、買うものにそんなに違いはないだろうという前提があり、税率が上がると結局収入の少ない人の負担の割合が高くなります。これが逆累進性です。

もちろん、お金持ちはたくさん高いもの、豪華なものも買うでしょうが、所得が低い人は食費などを切り詰めても、ゼロということはなく、それなりに食べ物などを買いますから、消費税の引き上げは響くのです。

確かに、消費税には逆累進性があるのですが、これからたいへんな少子高齢化社会が来るんだから、その費用はあらゆる世代みんなで負担できるようにしようということで導入したんですね。かつては所得税などの直接税が中心でしたが、これだと、ビジネスパーソンや自営業、農家など業種によって所得の把握に差があり、不公平感があるという事情もあったんですね。ビジネスパーソンの所得税などは会社を通じて天引きするので、ほぼわかっているけれども、自営業者などの所得をすべて把握するのは難しいといいます。この問題は依然として残っていますが、あらゆる職業、老若男女がモノを買い、サービスを利用するのだから、そこに課税していけば、ある程度は公平な負担に近づくという発想です。すでに多くの国が導入していたことも背中を押したんですね。

さまざまな議論を経て、1989年4月に消費税がはじまりました。それまでは様々な個別間接税もあったのですが、酒税やたばこ税など主要なもの以外は廃止されまし

日本の直間比率は6対4

2022年度の国税を見てみると、総額65兆2,350億円のうち、直接税は約55%。間接税は約45%と、およそ6対4になっています。国税の内訳で最も多いのは、所得税の31.3%。続いて法人税。直接税には所得税や法人税、地方法人特別税、相続税が含まれ、間接税には消費税をはじめ揮発油税、酒税、たばこ税、関税などがあります。

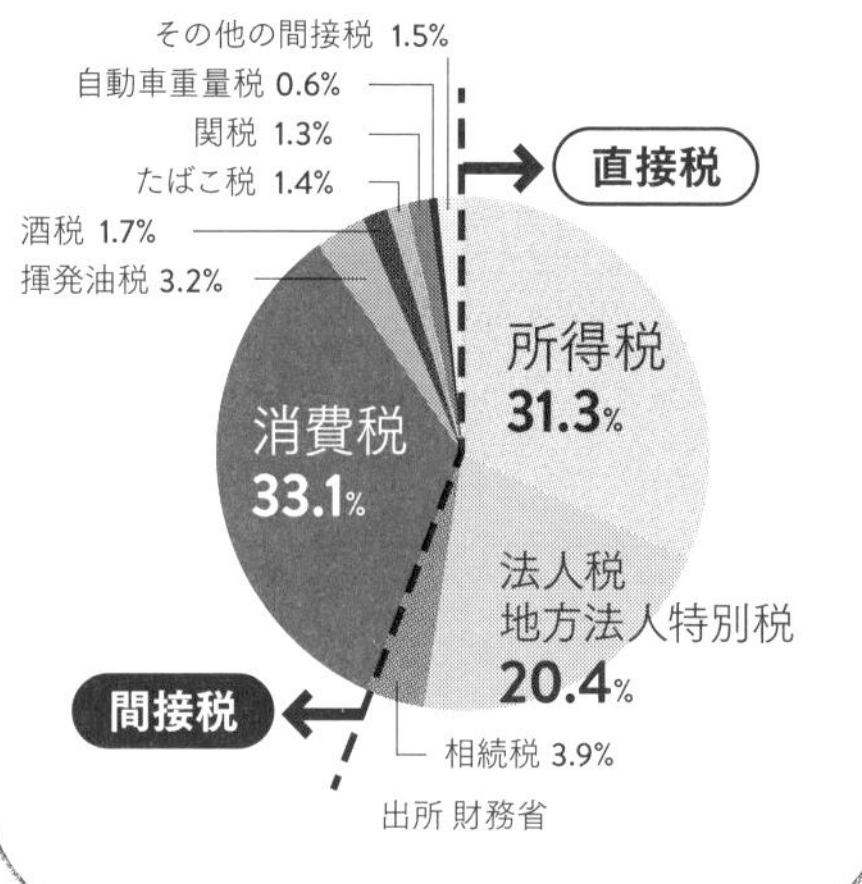

出所 財務省

た。消費税という間接税で集める税金の比重を高めて、所得税など直接税の割合を下げていこうという狙いがあったんですね。高齢化の速度が上がってきたこともあって、個人所得税の軽減などと合わせて、消費税の税率はだんだん上がっていきました。１９９７年には最初の３％が５％に上がりました。２０１４年には、さきほど触れた「一体改革」で８％に上がり、２０１９年から現在の10％になりました。それでも、いまだに消費税の税収だけで社会保障の費用をまかなえてはいないので、いずれ引き上げを考えないといけなくなるかもしれません。しかし、政治的には当面、難しいとみられているようです。19年の引き上げ直前に、当時の安倍晋三首相が「10%にあげたあとは、10年ぐらいは上げる必要がない」と発言したことが大きいようです。消費税以外の財源をなんとか探さないといけないというのが、いまの状況なんですね。

また、消費税については、２０２３年10月から始まったインボイス（適格請求書）制度をめぐって一部で混乱などが起きました。１９８９年に消費税が始まったときに、導入しやすいように、非課税事業を設けたり、簡易課税制度などのしくみをつくったりしたのですが、消費者から受け取った消費税を国に納めずに自分のものにしていいという「益税」や、二重課税などの問題がずっと残っていました。インボイス制度の狙いは、その是正にもあるのですが、これまで納税義務のなかった中小事業者などに不安が広がったんですね。

〔補足講義〕 5

広く消費に税をかける大型間接税

大型間接税をめぐっては、幾多のドラマがありました。

消費税成立10年前、大平正芳総理は日本初となる「一般消費税」の導入を提案します。しかし猛反発を受け、衆議院選挙で自民党は惨敗、翌年さらに内閣不信任案が可決されます。解散総選挙で政局を乗り切ろうとするものの、総理は選挙活動中に倒れ、帰らぬ人となってしまいました。

1987年、中曽根康弘総理は「売上税」の導入を提案。これに野党や国民は激しく反発し、内閣支持率は急落。直後に行われた統一地方選挙で敗北し、この年、総理の座も退くことになりました。

続く竹下登総理は再び消費税法案を提出。1988年、強行採決によって税制改革関連法案を可決、成立させました。そしてバブルまっただ中の1989年4月1日より税率3%の消費税が始まったのです。

しかし、竹下内閣の支持率は3%台へと急落。消費税導入からわずか2カ月後に総辞職へと追い込まれました。

8年後の1997年、橋本龍太郎内閣のときに消費税率は5%に引き上げられます。その翌年、参議院選挙で自民党は歴史的な惨敗を喫し、橋本内閣は総辞職。

そして2012年、野田佳彦総理は「税と社会保障の一体改革」を掲げ、消費税率引き上げを表明。総選挙で惨敗し、安倍晋三総理が誕生しました。

安倍総理は2014年4月に5%から8%に、さらに2019年10月には10%に引き上げます。翌20年春には、消費増税で落ち込んだ日本経済をコロナ危機が直撃。7年8カ月在職した安倍首相は、8月に体調不良で辞任しました。

デンマークの消費税25%は高くない

世界の消費税の税率は、2022年1月の時点で、日本の10%と同じ国は、お隣の韓国やオーストラリア、カンボジア、インドネシア、ラオス、ベトナムです。英国、フランスが20%、ドイツ19%、スウェーデン25%となっています。

消費税が最も高いのは東欧ハンガリーの27%です。次いでスウェーデンやノルウェーの25%、フィンランド、ギリシャ、アイスランドの24%と続きます。だいたいみんな欧州の国ですね。スウェーデンは消費税の標準税率は25%ですが、食料品には12%の軽減税率をかけています。「消費全体に原則としてこれだけかけるけど、食料品に関しては、もう少し低い税をかけますよ」というのが一般的です。また、標準税率は日本と同じ10%でも、韓国やラオス、インドネシア、カンボジアでは、食料品などは非課税にしているんですね。

私が前に取材に行ったデンマークでは、すべて消費税は25%。食料品を買っても25%、4分の1を払うわけです。「これは大変だろうな」と思って、いろいろな人にインタビューしたのですが、誰も税金が高いと言いません。

どうして高くないのかと言えば、デンマークは医療費も教育費もすべて無料だからです。幼稚園から大学までの学費や医療費は無料。病院では、医療費を払う窓口はあ

消費税は高くても
医療費は
無料なんです

りません。

私たちは、年をとって収入がなくなったときに、病気になる不安が大きいから、「老後が不安だから、貯金をしよう」になる。その結果、消費が伸びない。

でも、デンマークでは年をとれば年金が出ますし、医療費が無料であれば、税金は非常に重くても、老後のために貯金をする必要がない。入ってきたお金を全部使ってもいいんですね。

あるいは子どもの教育費は一切かからないんだから、安心してお金を使うので、結果的に消費活動が活発になる。必ずしも経済が悪くなるということはないのです。

デンマークは、選挙の投票率が非常に高いのです。なぜかと言えば、高い消費税を国は老後のために使ってくれる。言ってみれば国に貯金をしているようなもの。その貯金の使

世界の消費税の税率(2022年)

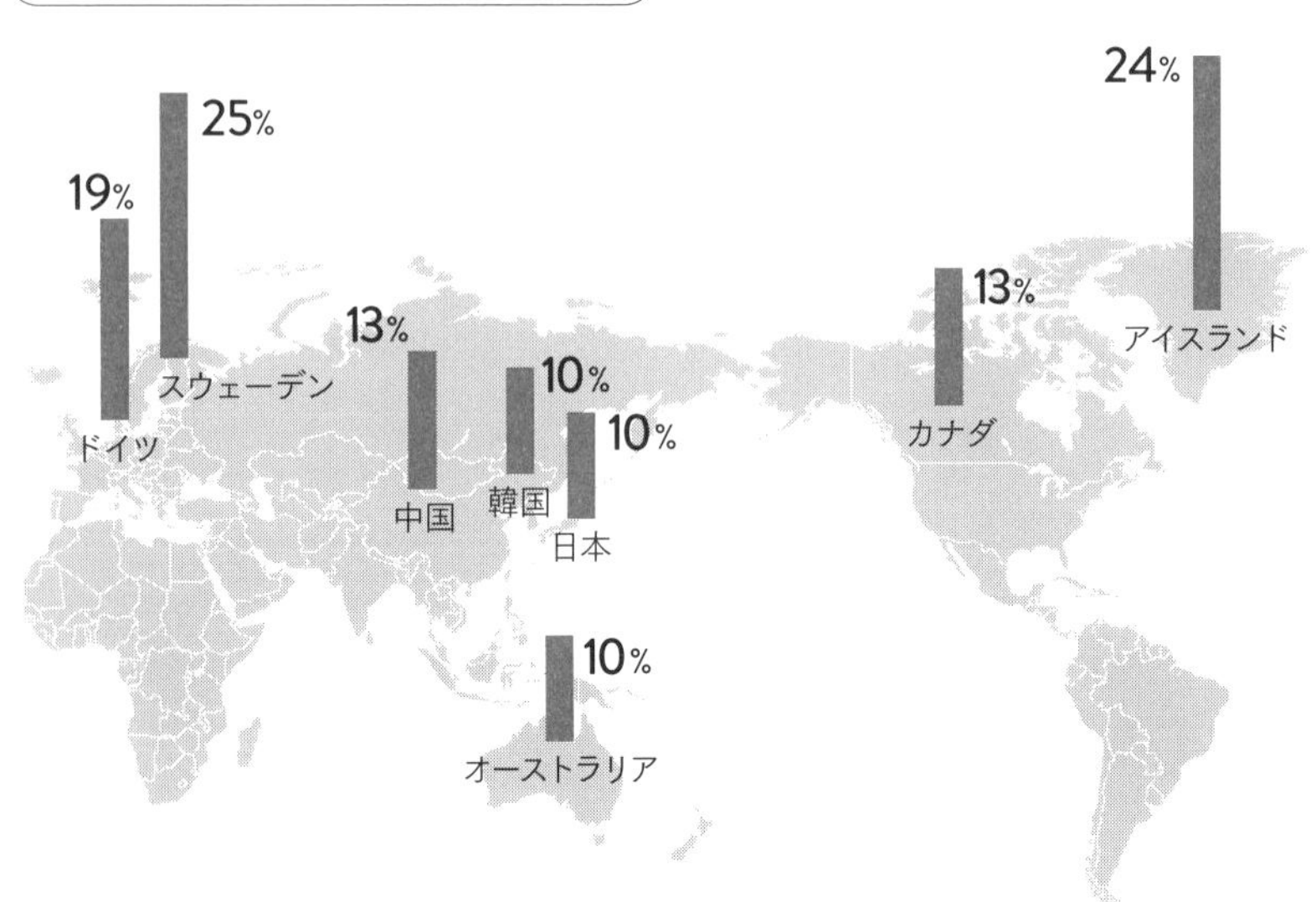

財務省「消費税など(消費課税)に関する資料」をもとに作成

い道を決めるのは政治家です。変な政治家を選んだら、自分たちが払った税金が無駄遣いされるかもしれないから、投票率が90％近くになるんですね。高い税率が成立している背景には、国民の政治家を見る厳しい目があるということです。

日本では、いつも消費税の引き上げの議論で「無駄遣いを減らしてからにしよう」となるのは、政治家、役人を信頼できるか不安で、不満だから、まず反対するのです。

デンマークでは、消費税がいきなり25％になったわけではありません。何十年もかけて少しずつ消費税を上げながら、消費税の使い道を決める政治家を国民が厳しい目で選んできた。そういう蓄積がある結果、デンマークの人たちは、いまの税金を重いとか取りすぎとかの文句は言わないのです。

デンマークにおける付加価値税（消費税）の標準税率の推移

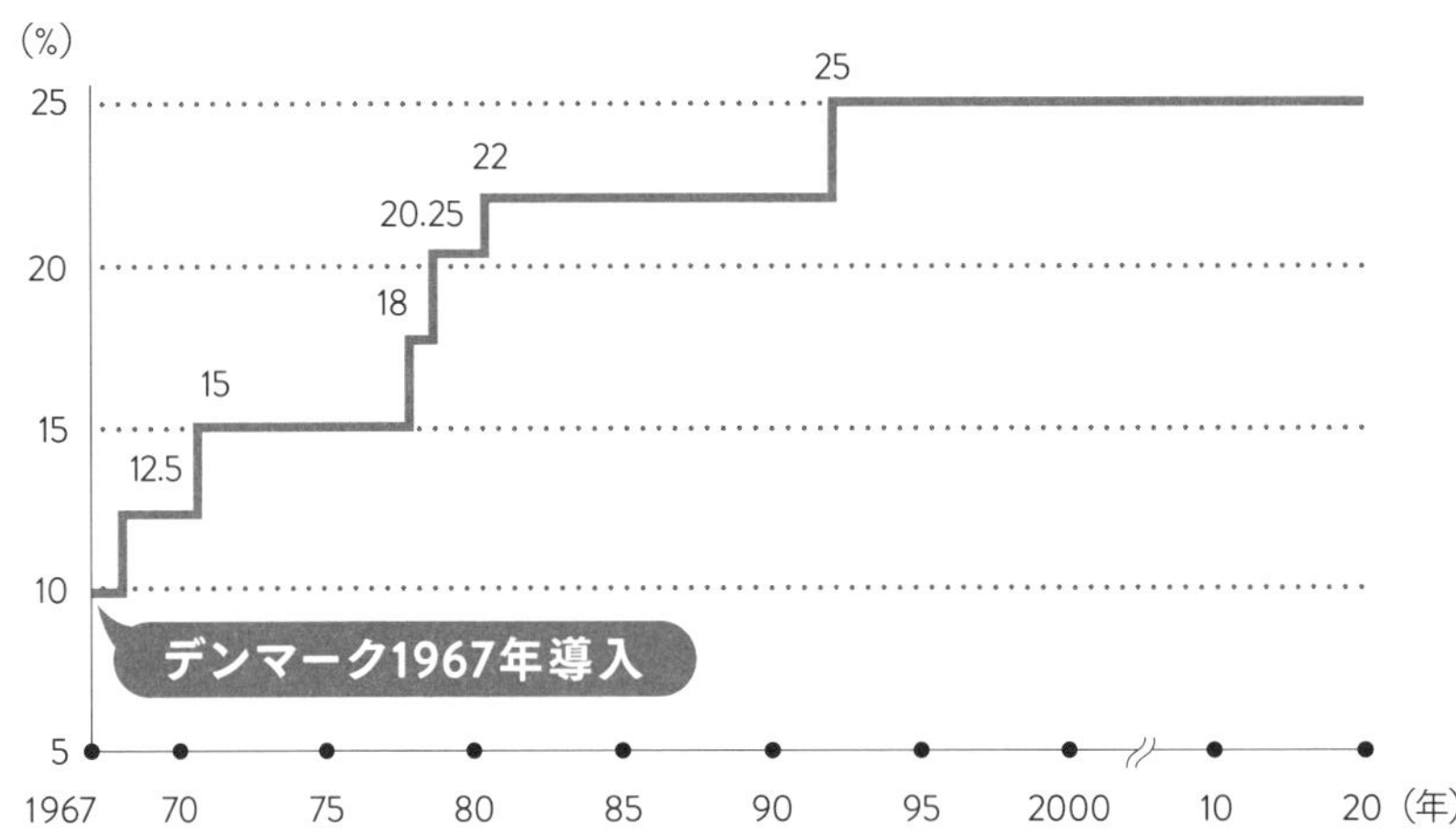

福祉と税金負担の関係

先ほど触れたように、北欧諸国では消費税をはじめ税金が非常に高く、**高福祉高負担**です。いまの日本は、北欧諸国ほどの高福祉ではありませんね。だけど福祉がそんなに低いわけではありません。**中福祉中負担**です。つまり消費税が10％だから、税金の負担が、北欧ほどではないということです。

日本は世界で最も高齢化が進んでいる国であり、高福祉高負担の北欧の国々よりもはるかに高齢化が進んでいるわけだから、消費税率を北欧並みに引き上げて、高福祉高負担の国になったらいいじゃないかという人がいるんですね。中福祉のままでは、日本で高齢者になるのはいやだという若者が増えてしまう。そうなると、現役世代の働く意欲をそぐことにもつながりかねないというわけですね。一方で、いまのままの中福祉中負担のままでいいじゃないかという議論もあります。つまり、消費税でいうと、現在の10％のまま、あるいは、もう少し引き上げて15％くらいの負担で、中くらいの福祉のままで構わないという見方ですね。もちろん、低福祉低負担という議論もあるかもしれません。どの道を選ぶかは、皆さんの判断、選択にかかっているんですね。

ただ、いまの日本の台所事情、財政の状況を考えると、これは、ますます難しい選

択になりそうです。少子高齢化が急速に進んで社会保障にかかるお金は年々膨らんでいるので、現在の10％の税率のままでも、中くらいの福祉の維持もいずれ難しくなるとみられているからです。社会保障だけに限らないのですが、いまの国の予算は集めた税金だけでは足りずに、およそ3分の1は借金でまかなっている状態なんですね。年金などの社会保障にかかる費用も消費税の税収だけではとても足りないので、国が国債を発行することで国民から借金をして、そのお金で補っているんですね。借金漬けの国の台所をどう立て直すかという難問を抱えながら、少子高齢化に対応できるような福祉は、どの程度なのか、そのための負担をどうするかを考えないといけないんですね。保険料を上げるのか、消費税をさらに上げるのか、あるいは年金などのお金を減らすのか、これから、みんなで議論しないといけない問題なんですね。

銀行などが買う国債

さて、ここで、国の借金である国債について、少し考えておきましょう。「政府か日銀か」の章でも触れましたが、国債の大量発行には、いろいろと問題があります。国は景気が落ち込んだときの経済対策や公共事業などに、収入を超える支出を長年続けてきました。税金だけでは足りない分を借金でまかない、すぐに返さないから、借金の残高がどんどん膨らんでいったんですね。今回のコロナ禍でも、政府は医療機関への支援や国民一人当たり10万円給付などの歳出を予算に盛り込んで、66兆円の国債を増発しました。こうした国債発行が数十年、積み重なって、2022年度末の国債残高は1026兆円（特例国債732兆円、建設国債289兆円、復興債5兆円）にも上っています。GDP（国内総生産）のほぼ2倍で、国民一人当たり約820万円を負担している計算になるそうです。これは先進国の中でも最悪の財政状況だといわれています。

国債を大量に発行し続けていると、だんだん「財政の硬直化」ということが起こってきます。国債は国の借金なので、期限がきたら利子を付けて返さないといけません。そのためのお金も国債発行でまかなうという悪循環が続いています。それで何がおきているかというと、予算のうち借金返済にあてるお金の比重がかなり大きくなっているんですね。その結果、社会保障だけでなく教育など国民の生活を支える公共サービスや経済活動の環境を整えるための仕事に使える余裕がなくなってくるんですね。これが財政硬直化です。たとえば、2022年度予算の歳出、約108兆円の23％、約24兆円が国債費です。支出全体の約四分の一が借金の元本返済と利子を払うためのお金なんですね。

それと、この悪循環を続けていくと、経済危機を招きかねないという問題もあります。国民にお金を借り続けているからといって、すぐに国が破産することはないのですが、国債の大量発行にともなって、日銀が世の中に供給するお金の量が増えて、金利が上がってインフレーションが起きたり、外国為替市場で円の価値が下がったりといったことが起きる恐れがあります。その場合は、国民の生活が混乱し、暮らしに影響が出ますから、国債の管理にはよほど注意が必要なんですね。

繰り返しますが、国債は国の借金で、皆さんから借金をしています。国にお金を貸した覚えはなくても、銀行やゆうちょ銀行に預金や貯金をしている、そのお金が国に貸し出されているのです。

個人が買える国債もあります。銀行やゆうちょ銀行の窓口で個人国債を買うこともできますが、多くの国債は銀行やゆうちょ銀行が買っています。

銀行では皆さんから預かったお金を企業に貸していますが、いまは景気が悪くて、企業がお金を借りてくれない。皆さんの預金には金利をつけなければいけないため、銀行が大量の国債を買っているのです。結局は皆さんが知らず知らずに、国にお金を貸しているということになります。

赤字国債はいくらまで負担できるか

すでに国債の残高は1000兆円を超えています。その一方で私たち国民はたくさんの預金・貯金を持っています。それもざっと2000兆円を超えた水準が続いています。家計の金融資産と呼ばれるものです。2000兆円を超える金融資産のうち、

４００兆円は負債なので、これを引いた純金融資産は、約１６００兆円になるんですね。

つまり**銀行やゆうちょ銀行に集まっているお金で買うことができる国債は**１６００**兆円であり、あと数年で国債を買えなくなります。**逆に言えば、１６００兆円に達するまでは購入できますが、そこから先はわからない。未知の領域に入っていくわけです。

いま日本で発行されている国債のうち92・９％は、国内で消化されています。つまり日本の金融機関か、日本に住んでいる個人が買っているんですね。残りの７・１％を外国、最近は中国がずいぶん買っています。日本国内で国債を買っている人たちは、「日本の国債なんか売っちゃえ」なんて言わない。だから、国債が大量に売られて大暴落するという心配はいまのところありません。

国債の値段が下がると、金利が上昇する

国内で国債を買えなくなると、日本政府が外国に「買ってください」とお願いすることになります。外国の人は、儲けるために日本の国債を買うわけですから、心配になったら一挙に売ってしまうでしょう。そうなると、国債の値段が下がります。では、国債の値段が下がるとは、どういうことでしょうか。

1年後に満期が来たら金利などがついて100万円になる国債を持っているとします。現在は100万円より安い金額、たとえば99万円で売買されているとすれば、1万円が今後1年間の利子の部分になるというわけですね。満期100万円のものが現在99万円で売買されているとしましょう。「日本の国債は不安、どうなるかわからない」と、外国の人たちが国債を大量に売ったら、どうなりますか。需要と供給の関係で、売りたい人が多く、欲しい人が少なければ、価格は下がります。99万円が95万円まで下がったとしましょう。でも1年後には満期が来て100万円になるわけですから、今後1年間の利子が5万円になり、金利が非常に高くなります。これが金利の上昇です。国債の金利によって、長期金利が決まります。

ギリシャの財政赤字が多くて大変だということがわかったとたん、ギリシャの国債は20%を超える金利をつけないと、誰も買ってくれないという状態になりました。日本の国債は、個人国債でいうと金利0・09%（5年物、固定金利、最低保証金利0・05%）で買うことができるんですね。でも金利がどんどん上がって5%から10%になったら、その分借金の額も非常に増えます。

売買されている国債の値段が下がったら、金利が上がります。そうなると、新しく発行する国債の金利も高くなって、財政赤字が雪だるま式に膨らみ、借金を返すためだけに私たちは働き、税金を納めるという事態になっていきます。

さらにそれが進み、国債を誰も買ってくれなくなると、お金が集まらないわけです

国債
国債

から、公共事業は全部ストップ、公務員の給料を引き下げる事態になっていきます。そして、ある日突然、国家が破綻する。いつかそんな日が来るかもしれないのが、いまの日本だということです。

国債を大量に外国に保有されたらどうなる？

学生Ａ　株主の言うことを企業が聞かなければいけないように、日本の国債を外国が大量に購入したら、その国が日本を支配するみたいなことはあり得るのでしょうか。

いいポイントですね。いまアメリカの国債を世界で最も買っているのは日本です。アメリカにしてみれば、日本が大のお得意さん。日本のおかげで成り立っている部分があります。以前、橋本総理大臣が「アメリカがいろいろ言ってくるから、ときどきアメリカの国債を売りたくなったことがあった」と言った瞬間に、アメリカの国債が大暴落したことがありました。だから運命共同体なんですね。

経済大国になった中国が2番目の保有国ですね。中国がアメリカの国債を大量に保有するようになって以降、しばらくはアメリカの国務長官などが中国に行っても、厳しいことを言わなくなっていました。おそらく、アメリカと中国との関係でも、株主

に強いことが言えないような状態が、成り立っていたのでしょうね。

しかし、このところ、かなり様子が変わってきています。米中貿易戦争が激しくなるにつれて、中国は米国債の保有を徐々に減らし始めています。依然として2番目の保有国ではあるんですが、戦略的にアメリカと距離を置こうとしているようです。

Q 復習問題5

Question

左記の文章が正しいかどうか、○か×で答えましょう。

第1問 消費税は景気の影響を受けやすい。

第2問 消費税には累進性の性格がある。

第3問 学生は生産年齢人口に入っていない。

第4問 現在日本における国税の直間比率は**2**である。

1 5対5　**2** 6対4　**3** 7対3

＊答えは283ページにあります

Chapter.6

金融危機はなぜ起きるのか？

——リーマンショックとは何だったのか

“リーマン・ショック”などの金融危機はなぜ起きて、
どのように世界経済に悪影響を与えたのか。
“投資銀行”とは何か、その最先端の金融手法とは?
やさしい言葉でわかりやすく解説します。

やさしい経済NEWS

コロナ禍で リーマン・ショック以来の 経済成長率マイナス

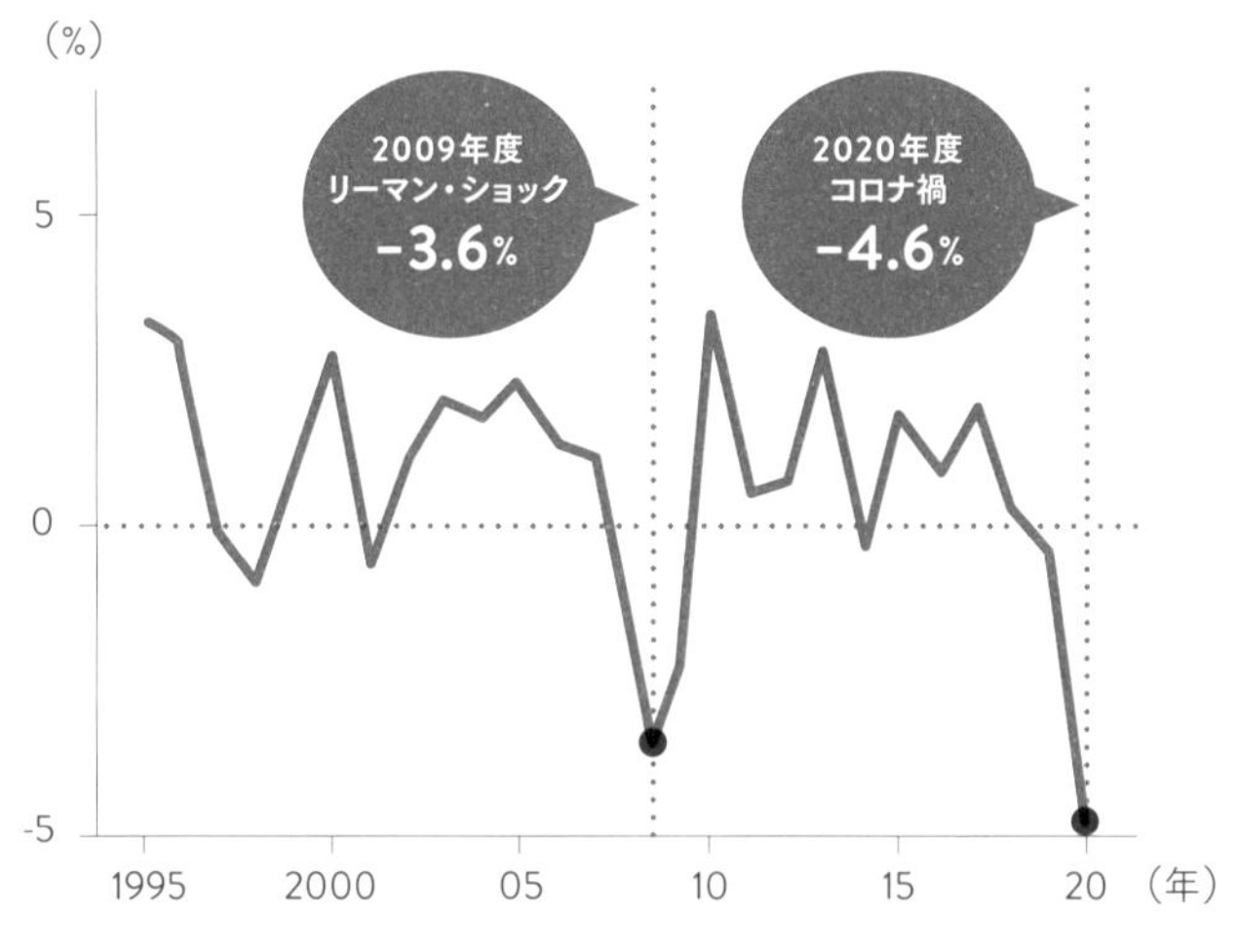

出所　内閣府

2020年の新型コロナウイルスの影響で、
日本の**GDP**(国内総生産)の伸び率は、
2008年のリーマン・ショック以来の
マイナスとなった。
各国の経済政策で回復となるか。

世界経済に影響を与えたリーマン・ショックとは

今回は金融危機についてです。2023年3月、アメリカで中堅銀行のシリコンバレーバンク（SVB）とシグネチャー・バンクが相次いで経営破綻しました。中央銀行にあたるFRB（連邦準備制度理事会）が「すべての預金者を完全に保護する」という異例の声明を出して、金融機関が次々に倒れる「ドミノ倒し」への懸念は一応遠のきました。ヨーロッパでは、スイスの大手銀行クレディ・スイス・グループが経営危機に陥って、同じスイスの大手銀行UBSが買収することになりました。米欧には、ほかにも経営が不安視されている銀行があるので、世界的な金融危機につながらないかと不安が残ってます。

SVBは2008年のリーマン・ショック以降で最大規模、シグネチャー・バンクは3番目という規模でした。FRBがあわてたのも無理はありません。リーマン・ショックはアメリカだけでなく世界経済に深刻な打撃を与えたからです。史上最悪の「世界金融危機」だったとの指摘もあります。FRBが新型コロナによる金融危機の予防に早めに動いたのも、リーマン・ショックの二の舞を避ける狙いがあったとみられています。

このリーマン・ショックとは何だったのか、改めて考えてみましょう。以前、日本ではバブルが崩壊して以来、長い間デフレが続いていたという話をしましたが、実は07年くらいから日本経済がようやく立ち直ってきて、08年に入ってからはデフレを脱却できそうな状態になっていました。

ところが2008年9月、アメリカの**リーマン・ブラザーズ**という会社が経営破綻したことによって世界に金融不安が広がり、日本経済は再びどん底に突き落とされてしまったのです。リーマン・ショックさえなかったら、日本はデフレから脱却していたかもしれません。ではそのリーマン・ショックとは何だったのか、そもそもリーマン・ブラザーズとはどんな会社か、扱っていた最先端の金融商品とはどんなものなのか、そのしくみについてお話しします。

リーマン・ブラザーズの本社ビルは、経営破綻するまでは、ニューヨークのタイムズス

写真：AFP＝時事

リーマン・ブラザーズの破綻を受けビルから荷物を運び出す社員

●リーマン・ブラザーズ
リーマン3兄弟によって1850年に創業。150年以上の歴史をもつアメリカ第4位の名門投資銀行だった。

クエアの一等地にありました。破綻した直後のテレビのニュースで、社員たちが段ボール箱を抱えて玄関から次々と出てくる光景が記憶にある人もいるかもしれません。アメリカの場合、大手の金融機関では、ある日突然呼び出されて解雇を申し渡されるんですね。そうすると、もう自分の机に戻れないんです。仕事をしていて、ちょっと用があるから来てくださいと呼び出されて部屋に通されると、今日をもって君との労働契約は解消されます、と言われる。言われた人は頭にきて、ようし会社に損害を与えようと自分の机に戻って会社の大事な情報や資料を持ち出すかもしれない。それを防ぐために、もう部屋に戻れないようにするのです。警備の担当者がその人の机から個人の私物だけを段ボール箱に詰めて持ってきて、はい、これがあなたの荷物ですと渡される。日本では考えられないことですよね。

リーマンが経営破綻したときに次々に段ボール箱を持って外に出てきた人たちは、つまりあの段階でクビを言い渡されたということです。職場の仲間にさようならも言えずに出て行く。非常にシビアな現実です。

リーマン・ブラザーズは〝投資銀行〟

リーマン・ブラザーズは、**投資銀行**（Investment Bank）という日本にはないアメリカ発祥の金融機関です。アメリカの金融機関は、商業銀行と投資銀行と証券会社の3

投資銀行
Investment Bank

株式や債権の引受け業務、企業の合併・買収（M&A）の仲介、財務戦略への助言などを行う金融機関。預金業務は手がけない。

つに区分されます。日本の場合、投資銀行業務は証券会社が行っています。ですからリーマン・ブラザーズが経営破綻したときのニュースで「投資銀行」と表現した新聞・テレビがある一方で、「大手証券会社リーマン・ブラザーズ」としたところもありました。日本には投資銀行という区分がないので、日本向けにわかりやすく言い換えたということです。

アメリカの商業銀行、証券会社とは

アメリカの3つの金融機関の区分にはどんな違いがあるのでしょうか。まず**商業銀行**、英語でコマーシャルバンク、これが日本でいう普通の銀行のことです。預金を預かってそれをいろいろな会社に貸します。もしこの商業銀行が潰れてしまうと、預けていたお金が返ってこなくなるかもしれないと多くのお客さんがパニックになりますよね。ですからアメリカの中央銀行である**FRB**が、商業銀行が経営破綻しないようにチェックをしたり、いざというときには救済したりするしくみになっています。

証券会社というのは、お客さんから注文を受けて株を売り買いするところです。それ以外にも、たとえば新しい会社がニューヨーク証券取引所などに上場するとき、その手続をしてくれます。日本でも東京証券取引所や大阪証券取引所といった株を売買する場所がありますが、株式会社の株なら何でも売り買いできるというものではないんです。

たとえば東京証券取引所の上場企業というのは、株式会社として何年もの歴史を持ち、大量の株を発行し、なおかつ経常黒字である、つまりすぐには倒産する恐れのないしっかりした会社であるというお墨付きがあって初めて上場できます。以前は一部、二部という分類でした。一部が歴史のある大手の企業、まだそこまで実績のない企業が二部でした。東京証券取引所に上場する、また二部の上場企業が一部に上がるためには、いろいろな厳しい条件があります。そういうことを全部アドバイスして上場させる、それも証券会社の大事な仕事です。その際、証券会社は上場した企業から手数料を受け取ります。現在はプライム、スタンダード、グロースという分類に変わっています。

この証券会社がちゃんとした経営をしているか、不正なことをしていないかということを監視する組織がアメリカにもあります。それが**SEC（証券取引委員会）**です。証券会社が法律に違反するようなことがあれば捜査当局に告発します。商業銀行も証券会社もそれぞれ一般のお客さんを対象にしていますから、もし潰れたりしたら大変だということで厳しくチェックする組織があるんですね。

SEC
証券取引委員会

投資家保護と証券市場の健全性維持を任務とするアメリカの証券取引監督機関。

次々と姿を変えた投資銀行

2008年9月、全米第4位の大手投資銀行であったリーマン・ブラザーズは破綻しましたが、アメリカのほかの大手投資銀行もその姿を変えることになりました。

全米第5位の投資銀行だったベアー・スターンズは08年5月、経営悪化により政府保証のもとJPモルガン・チェースに救済合併されました。第3位のメリルリンチは、リーマン・ブラザーズの破綻と同じ9月15日、商業銀行であるバンク・オブ・アメリカによって救済合併。第2位のモルガン・スタンレーと全米トップのゴールドマン・サックスは同じ9月、銀行持株会社へと転換しました。こうして姿を変えて生き残った投資銀行は、FRBの監視下に入ることになったのです。

アメリカの投資銀行とは

ところが投資銀行には、そういったチェックをする組織がありません。なぜか。投資銀行は一般のお客さんを相手にしていないからなんです。「銀行」とはつきますが、一般の人たちからお金を預かるということはありません。プロの投資家たちに、こういった新しいプロジェクトがあるので投資しませんかと持ちかけるんですね。プロを相手にしていますから、潰れてしまったら自己責任ということになるわけです。

投資銀行には、ほかにもこんな事業があります。**社債**を発行してお金を集め、そのお金で株式投資などの新しい投資をしていきます。あるいは、ある会社がどこか他の会社を買収して事業を拡げたいと考えていると、じゃあ私どもでふさわしい会社を探しましょう、こはどうですかと提案し、いくら資金を出せばその会社は買収に応じるでしょう、という交渉をして買収を成立させます。そのときに膨大な手数料を得るわけです。

こんな事業もあります。たとえば、あるスーパーマーケットが倒産してしまったとします。そのスーパーマーケットを投資銀行が丸ごと買って、社員の数を減らしたり経営陣を

入れ替えたりして、新しい会社に立て直すのです。そして新たに株を発行して上場させ、お金を集めます。大きなリスクをとって倒産した会社を買い取りますが、その後会社を見事に立て直せば膨大な利益を得られます。

リーマン・ショックの数年前、投資銀行は大変大きな利益を上げていました。ですから社員の給料も非常に高額でした。たとえば全米トップの投資銀行であったゴールドマン・サックスでは、世界中にいる社員のボーナスの平均が約７３００万円だったそうです。年収じゃないですよ、ボーナスですよ。大きな仕事をして莫大な利益を上げれば、年収が何億円、何十億円という人もざらにいました。ところが仕事がうまくいかなくなると、ある日突然呼び出されて、自分の机に戻れないまま段ボールの箱を抱えて出て行く。これがアメリカの投資銀行というものです。

リーマン破綻のきっかけは「サブプライムローン問題」

では、そんな大きな利益を上げていたリーマン・ブラザーズが破綻するきっかけは何だったのか。それは「サブプライムローン」をめぐる問題でした。「サブ」とは2番手という意味、「プライム」とは優良な、または重要なという意味です。「ローン」というのは借金ですね。

「プライムローン」というのは優遇ローンなんです。お金を貸したらちゃんと返してくれる優良なお客さんに貸すのがプライムローン。信用があるから、低い金利で貸し出します。

一方、お金を返してくれるかどうかわからないリスクのある人には、高い金利で貸すのが金融機関の大原則です。つまり優良なお客さんではないけれど、リスクを見込んで高い金利でお金を貸しましょうというのがサブプライムローンです。ちょっと不思議な感じがするでしょう。お金に困っている人にはなるべく返しやすいように低い金利で貸してあげたいと思いますよね。でも銀行にしてみれば、返してもらえなかったら、回収できなかった部分を何とか穴埋めしなければいけないわけです。そのためには、高い金利をとることになるのです。

サブプライムローンとは、信用力の低い人を対象とした高金利の住宅ローンです。マイホームを買うとき、毎年安定した収入があって、きちんと返済ができる人はプライムローンで融資を受けることができます。一方、定収入がない人や、クレジットカードの支払いを延滞したことがある人を対象に融資をするのが、このサブプライムローンです。

日本だとちょっと考えられません。たとえばクレジットカードで買い物をして、1カ月後にその人の銀行口座からお金が引き落とされるとき、残高が十分になくて決済ができなかったら、これは「事故」として記録されます。このようなことを繰り返す

需要と供給の関係で決まる金利

ここでも需要と供給という概念が出てきます。欲しいという人が多ければ値段が上がる、あまりいなければ値段が下がる、これが需要と供給でしたね。高くてもいいからその商品が欲しいという人がいる。金利も同じなんです。つまりお金が商品なわけですよね。どうしてもお金を借りたい人は、そのお金の費用である金利が高くても我慢して借りるということになります。

ですから、たとえば消費者金融でお金を借りるとなれば、一刻も早くお金を借りたいということですから審査は非常に簡単なものとなりますが、その分高い金利を払わなければいけません。一方、銀行や信用組合からお金を借りるとなると、本当に返済できるのかという厳しい審査や、担保の手続に時間がかかります。しかし、その分低い金利で貸してくれるということになっているんですね。

金利が高い低いも、需要と供給で決まるのだと考えてください。

人は、普通の金融機関は相手にしてくれなくなりますが、アメリカの場合は、そういった信用力の低い人にもお金を貸す専門的な金融機関があるのです。

サブプライムローン貸付のからくり

返済能力の低い人に、どうしてお金を貸すことができるのでしょうか。これにはしくみがあります。

10人や20人にお金を貸した場合、その中で返せない人が何人かいると金融機関は大きな損害を受けます。でも何千、何万という人に貸せば、何%の人がお金を返さずに夜逃げしてしまうか、何%の人がお金をちゃんと返すかというデータをとることができます。そのデータに基づいて、最初から何%の人がお金を返さない、ということを前提に、残りの人から回収すれば利益が上がるように高い金利をつけるわけです。

つまり、サブプライムローンで高い金利を払っている人は、払えずに踏み倒した人たちの分まで払っているということになります。サブプライムローンでも全体としては利益が上がるしくみができたということなんですね。

アメリカの住宅ブームとバブル

アメリカでは2002年くらいからこのサブプライムローンを借りる人が増えていきました。その背景には、**アメリカの住宅ブーム**がありました。住宅の値段がどんどん上がっていったんですね。しかし06年、07年にかけて、このブームは突然終わってしまいました。つまり、**住宅バブル**であったということです。

前にお話ししましたね、バブルの真っ最中はみんな気がつかない。空前の好景気だと思っているんです。アメリカでも住宅ブームという言い方をしていました。住宅が飛ぶように売れ、土地の値段が上がっていきます。サブプライムローンで高い金利を払ってでも住宅を買えば、しばらくすると買ったときより高い値段で売れます。お金を貸す側にしても、返してもらえなくなったら担保になっている土地や建物を売れば、むしろ土地の値段が上がっているので利益が得られます。

こうしてサブプライムローンの貸出しが一気に広がっていったのです。アメリカでも、このときバブルが起きていたということです。

●住宅ブームとバブル
アメリカの好景気の一方で、バブルではないかと指摘する声も一部にあったが、たとえば元FRB副議長のアラン・ブラインダー氏は当時これを強く否定した。

日米の住宅ローンの違い

ちなみに、日本とアメリカでは住宅ローンの借り方に大きな違いがあります。日本の場合、住宅ローンの返済ができなくなったら担保として土地や建物を銀行に取り上げられますが、その土地や建物の値段が借りた金額より下がっていると、その差額はお金を借りた人が返し続けなければいけません。担保を取り上げられても借金が残ってしまうんですね。

一方アメリカでは、そもそも住宅ローンを借りるときにその土地や建物そのものを担保にしているわけですから、返済ができなくなったら、担保を渡してそれでおしまいなんです。本当はこっちが本来のやり方ですよね。ですから住宅ローンを借りる人もある意味、気が楽なんです。ローンが返済できなくなっ

アメリカの住宅ローンは返済できなくなったら、
担保を渡してそれでおしまい

たら、その家の鍵をローン会社に送って、本人が出て行けばそれでおしまいです。その後ローンの残金という負債が残ることはありません。ですから、高い金利でもサブプライムローンを気軽に借りる人が大勢いたわけです。

〝リスクを他人に押しつける〞しくみ

こうして、住宅ローン専門の金融機関がどんどんお金を貸します。当然リスクを見込んで高い金利にしているのですが、リスクは少しでも減らしたほうがいいというのが大原則です。ではリスクを減らすにはどうしたらいいか。他人に押しつけてしまえばいい。自分のところに置いておかないで、さっさと手放してしまえばいいと考えたんですね。

どういうことか、図で説明します。住宅ローン会社が、マイホームを建てる人にお金を貸したとします。住宅ローン会社は、お金を返してもらえる権利を持っていますね。これが**債権**というものです。お金を貸した人は債権者となります。住宅ローン会社は、このお金を返してもらう権利、つまり**債権を投資銀行に売った**のです。

たとえば、住宅ローン会社が5000万円を融資したとしましょう。当然高い金利がつきます。ここでは利息を含めて6000万円が返ってくると考えましょう。つまりお客さんがお金をぜんぶ返してくれれば、最終的に債権の価値は6000万円にな

●**債権**
財産権の一つ。金銭を貸した者が借り手に返還を要求する権利。

ります。でも本当に６０００万円返ってくるかわからないので、住宅ローン会社はこの債権を投資銀行にたとえば５５００万円で売ってしまうのです。住宅ローン会社にしてみれば貸したお金は５０００万円ですから、５００万円の儲けが出ますね。一方の投資銀行は、６０００万円の債権を５５００万円で獲得したわけです。ただし投資銀行はお金が返ってこないかもしれないというリスクを背負い込んだことになります。

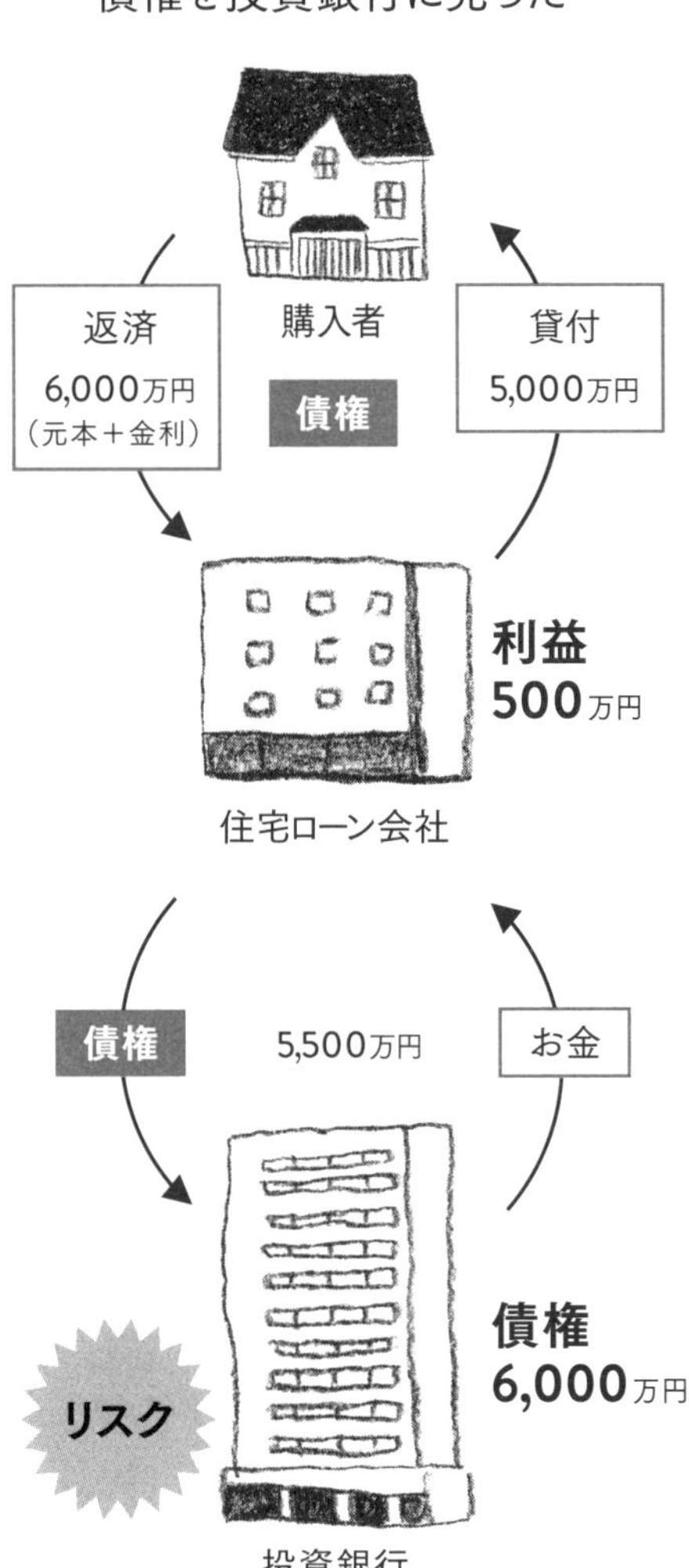

〝権利を売る〟という概念

権利を売るという概念は、皆さんにはピンとこないかもしれません。たとえば子どものころ、敬老の日に「肩たたき券」をつくっておじいちゃんやおばあちゃんにプレゼントしたりしませんでしたか。この券があれば、肩をたたいてあげますという券です。その肩たたき券をもらったおじいちゃんが、おばあちゃんに100円で売ったとします。そうすると、おばあちゃんは100円で肩をたたいてもらえる権利を獲得したことになります。そういうたとえをするとちょっとイメージができるでしょうか。

投資銀行は、住宅ローン会社から債権を買います。住宅ローン会社はその代金を受け取って、また別のお客さんに貸し出すことができます。また新たな債権が獲得できました。その債権をまた投資銀行に売って、その代金を別のお客さんに貸します。住宅ローンを簡単に貸してくれるとなれば、みんなマイホームが欲しいわけですからどんどん借りて住宅を買います。こうして住宅ブームが加速し、いつしかそれがバブルとなって、サブプライムローンが膨らんでいったのです。

住宅バブルは
過去にもありました

1929年の世界大恐慌の直前にも住宅バブルがあった

1巻で、1929年にアメリカで起きた株の大暴落がきっかけとなって世界大恐慌になったという話をしました。実はそのちょっと前に、アメリカで住宅ブームが起きていました。結果的にそれはバブルだったんですね。家や土地を買えばすぐに値が上がるということになると、そのうちに住むためではなく転売しようという目的で住宅を手に入れる人が続出しました。中には、その住宅を見ないで買う人もいました。たとえば気候のよいフロリダあたりの一軒家、というだけで買ってしまって、実際に行ってみたら沼地だったなんてこともあったそうです。

それから約80年後、再びアメリカで住宅バブルが起きたということです。バブルはだいたい30年周期で起きるという話をしましたよね。アメリカでは、1990年代末から2000年にかけてITバブルなんていうものもありました。インターネットが普及しIT事業が拡大するのではないかといって、次々に新しい会社をつくって会社の名前を○○ドットコムとつけるんですね。それだけでその会社の株が飛ぶように売れました。しかし、まもなくこのバブルもはじけました。

本当にバブルは繰り返すんですね

中国の不動産投機事情

ちなみに、中国では住宅ブームと過熱を抑える規制とが繰り返されてきました。改革開放後に不動産投資などが、ものすごい勢いで膨らみ、いまではGDPの約3割を不動産投資が占めるまでになっています。10年以上前のブームのときに、上海など都市部の高層高級マンションを訪れたことがありますが、夜はほとんど明かりがついていませんでした。転売でもうけるのが目的の投資物件だったんですね。一人で2軒、3軒、家を持つのが当たり前といった風潮がひろがっていました。

2014年ごろから習近平政権による規制強化で、住宅価格が下落し、大量の高級マンションが空室のまま放置されました。その後の規制緩和で、またブームが続きます。新型コロナウイルスの感染が拡大した20年8月、政府は規制を強化して、問題のある不動産開発企業への銀行融資をしぼりました。住宅価格は下落し、開発業者が資金不足から次々に債務不履行に陥り、不良債権が膨らんでいきました。融資していた銀行の経営悪化も伝えられています。

中国不動産大手の中国恒大集団は巨額の負債を抱えて経営再建中で、2023年8月には、米国で破産申請しました。不動産価格の下落から金融危機を招いた日本のバブル崩壊や不良債権問題が原因だったリーマン・ショックのような事態につながるのではないかという不安が広がっているんですね。

債権の証券化というのがキーワードです

債権の証券化という新しい金融商品

このようにして、投資銀行は住宅ローン会社から債権を買ったのですが、返してもらえないかもしれないというリスクがあります。そのリスクを減らすためにはどうしたらいいか。ほかの人にリスクを押しつければいいわけですね。

今度はその債権をもとに、また新しい金融商品をつくります。それが**住宅ローン証券**というものです。サブプライムローンの高い金利をもとにして、この証券を持っていれば毎月利息がもらえます、あるいは満期になるとこれだけの利息がもらえますよという商品をつくって銀行や金融機関に売ったのです。もちろんサブプライムローンの利息を全部渡すわけではなく、差額を投資銀行が利益とするしくみをつくりました。

先ほどの「肩たたき券」の例だと、たとえば皆さんが10枚綴(つづ)りの肩たたき券をおじいちゃんにプレゼントしたとしましょう。おじいちゃんがそれをおばあちゃんに100円で売った。これが権利を売ったということですね。おばあちゃんは、その権利を今度は「ばら売り」します。10枚で100円ですから、1枚の原価は10円ですね。それを1枚20円でお父さんやお母さんに売るわけです。全部売れれば儲かります。

ところが、お父さんやお母さんが肩たたき券を持って皆さんのところに行き、肩をたたいてねと言います。でもこれは敬老の日限りと書いてある、もう有効期限切れだ

投資銀行はサブプライムローンの債権を組み込んだ
新しい金融商品を世界中の金融機関に売った

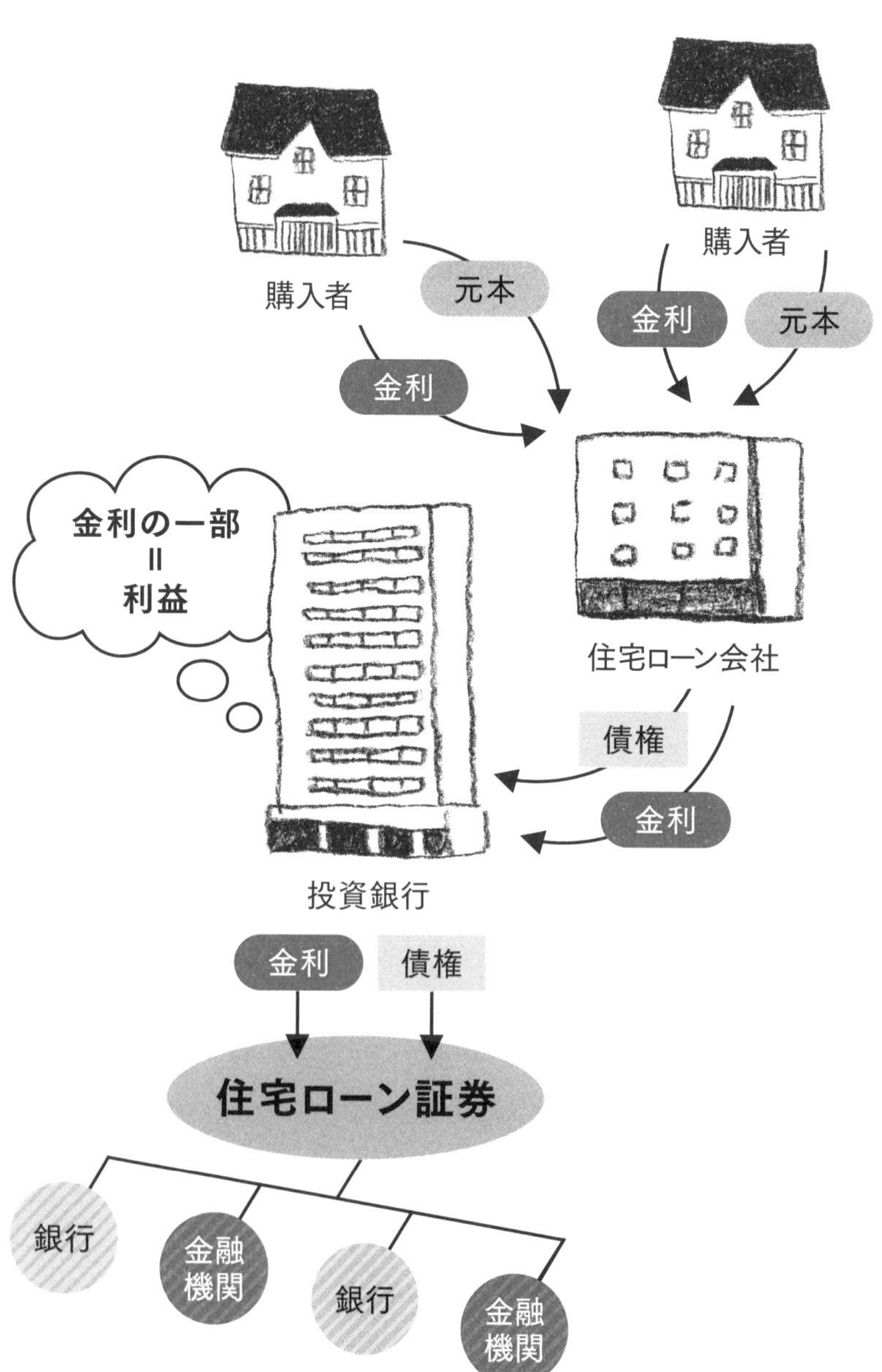

からだめだよと言って肩をたたいてもらえないというリスクがありますよね。

多様なものを組み合わせリスクを軽減する

住宅ローン証券を買う銀行にしてみれば、この証券そのものを買っても、サブプライムローンでお金を借りた人がお金を返さなければ単なる紙屑になってしまうでしょう。やっぱりリスクがあるんですね。

そこで投資銀行は、この証券をほかの債権と組み合わせてセットにして売りました。いろいろなものを混ぜ合わせると全体としてはリスクが低くなる、これは金融経済の基本原則です。この住宅ローンの債権はこの人が返せなくなったらそれでおしまいだけれど、いろいろな住宅ローン会社から買った債権を組み合わせて証券をつくって売れば、一つがだめになっても別の債権は大丈夫だろう、という考え方です。

これは、生命保険会社の考え方に似ています。お客さんがごくわずかだとやっていけませんが、大勢のお客さんがいれば一定数の人が亡くなっても、残りの大勢のお客さんたちが保険料を払ってくれるので経営が成り立つ。発想は同じです。この住宅ローンを借りた人は逃げてしまうかもしれないけど、こっちの人は大丈夫だろう。たくさん集めれば、全体としては安全性が高まってくる。住宅ローンだけでなく、まったく違う会社が売りに出している株や社債も一緒にセットにしたら、さらに安全だ。こうして、投資銀行はさまざまな金融商品を組み合わせて一つのパッケージにして売りに出そうと考えました。

格付け会社が商品にお墨付きを付与した

しかし銀行は、本当に安全だというお墨付きがないとリスクのある金融商品を買いません。銀行の担当者も、結局その証券が紙屑になってしまったら責任を問われますよね。そのとき、これは絶対安全だというお墨付きがあったから買ったんです、私の責任じゃありませんと言えるような状況をつくってあげれば、銀行は喜んで買います。そのお墨付きを与えてくれるのが**格付け会社**です。AAA（トリプルエー）とかAA（ダブルエー）、A＋（シングルエープラス）とかいったランク

多様な債権を組み合わせればリスクが低くなる

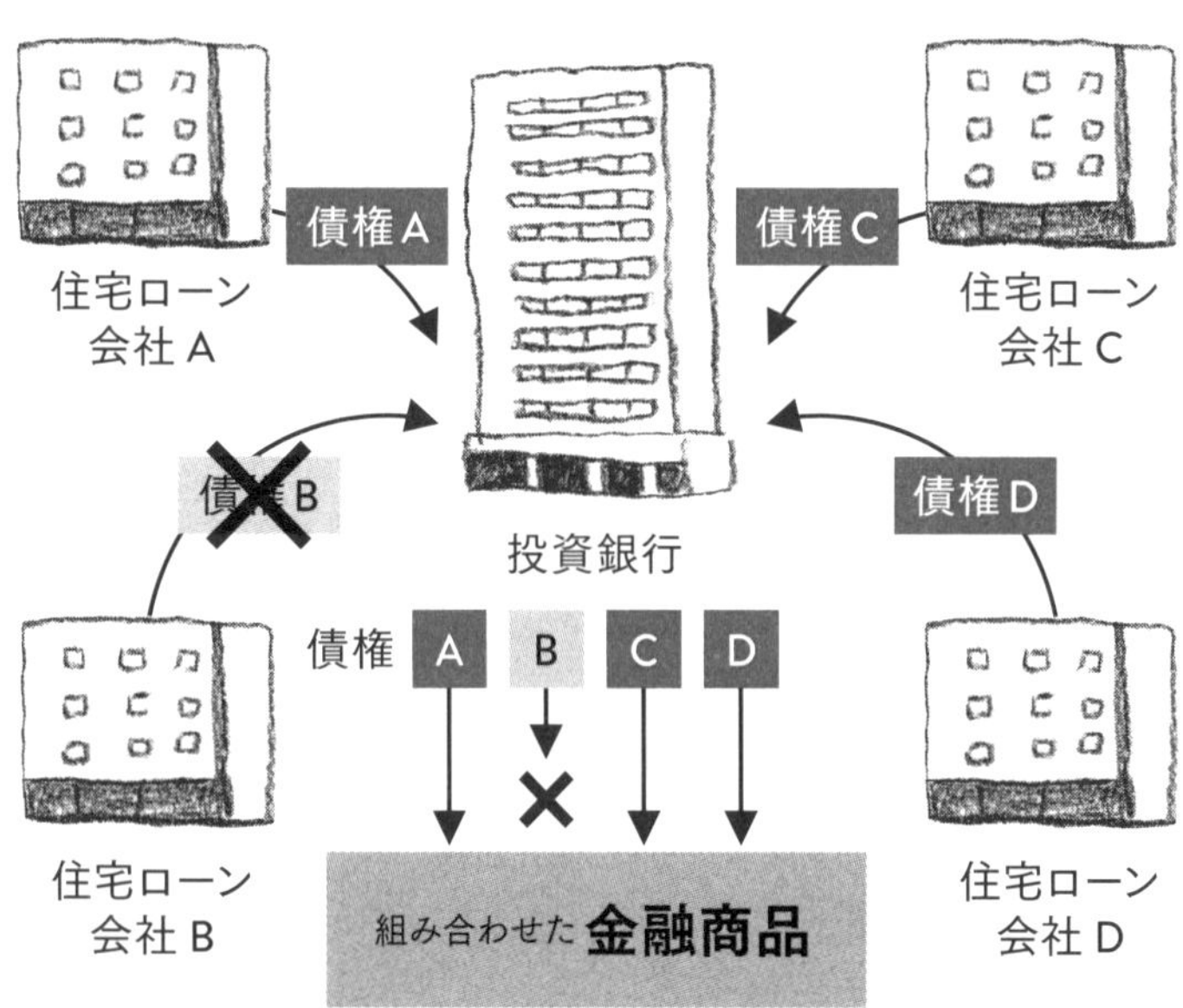

をつけて、それぞれの金融商品がどれくらい安全かという格付けをします。この格付け会社のお墨付きがあれば、銀行は安心して買うことができるわけです。

会社が社債を発行し、格付け会社がこの社債は安全ですよとＡＡＡをつけると、リスクが少ないわけですから金利は低くて済みます。社債を発行する会社は非常に助かりますよね。一方、Ａ－（シングルエーマイナス）やＢＢＢ（トリプルビー）といった低い格付けがされてしまうと、リスクが高いということでその分高い金利をつけないと社債を買ってもらえなくなります。

社債を発行する会社は、格付け会社に依頼して格付けをしてもらう際に手数料を支払います。ちょっと考えてみてください。ひょっとすると悪いことを考える人が、手数料をたくさん払うから格付けを上げてください、なんて頼むことが起こるかもしれませんよね。しかし、そんなことをして、その社債が実際に紙屑になってしまったら信用問題になりますから、その格付け会社はやっていけなくなります。ですから、格付け会社はさまざまな情報や景気動向、事業計画などを勘案して厳正公正に格付けをしていると説明しています。

ただし、この格付け会社も単なる株式会社です。格付け会社などというと、政府のお墨付きがあるとか、ちゃんとした営業免許を持っているとかいったイメージを持ってしまいますが、そんなことはありません。民間の一企業なんですね。

この格付け会社が、サブプライムローンの債権を組み込んだ新しい金融商品を格付

債券等に関して、その発行体の財政状況などから元利金支払能力を分析し、評価を示す民間企業。

格付け会社の始まり

格付け会社の歴史は、アメリカの西部開拓時代に始まりました。ヨーロッパから移住してきた人たちがアメリカの東海岸に上陸し、そこから次第に西へ西へと開拓地を広げていきます。

最初は西部と東部をつなぐのは駅馬車でしたが、やがて大陸横断鉄道をつくろうということになります。その資金を集めるためにさまざまな鉄道会社が社債を発行したのですが、そのときにその社債の安全性を評価してお墨付きをつける専門家が現れました。それが、格付け会社の始まりです。

こうして生まれた格付け会社、スタンダード・アンド・プアーズ社、略してS&Pなどと言いますが、ほかにもフィッチ社、ムーディーズ社などが有名で、投資家に大変大きな影響力を持っています。

けしました。いろいろな債権が組み込まれたパッケージ商品なら一度に全部焦げ付くことはないからリスクは低いよね、といって、主要な格付け会社が軒並みＡＡＡなどの高い格付けをしたのです。

こうして投資銀行は、このお墨付きのついた新しい金融商品を世界中の銀行や会社、投資機関に大量に売りました。日本でも金融機関や会社、あるいは地方自治体や某有名私立大学などもこれを買っていました。

住宅バブルがはじけ、サブプライムローンの破綻が続出した

しかし、バブルはやがてはじけます。アメリカの住宅ブームは終わり、サブプライムローンの返済に行き詰まる人が続出しました。担保である土地や建物の値段は暴落してしまいました。

それはつまり、このサブプライムローンの債権の価値が暴落したということです。ということは、この債権を組み込んだ金融商品の一部の価値が暴落したということになりますね。全体としては紙屑になったわけではありませんが、サブプライムローンの部分が不良債権になってしまった。

言ってみれば、お正月の福袋があるでしょう。袋の中身がわからないまま買いますよね。でも有名なデパートのものなら、中身はいいものだろうという信用があります。ところがその福袋の中に、とんでもないものが紛れ込んでいたようなものです。格付け会社から優良のお墨付きをもらって売り出した金融商品の中身が、そんな状態だったということですね。

ではこれをセットにした証券の価値はいくらになるのか。あまりにもいろいろな債権が組み合わされていたため、どの債権がいくら値下がりしたか、すぐには確定できなくなってしまったのです。

損失額がわからず不安が広がる

住宅ローン証券自体は紙屑ではありません。でも中身が複雑になりすぎて、全体としての商品価値がわからなくなってしまった。損失額を計算するのに、大変な時間がかかることになってしまったのです。

これによって、人々は非常に不安な状態になりました。損をしていることは確かだけれど、いくら損をしているのかわからない。損失額が確定すれば、諦めがついて前向きな気持ちになれます。ところが、金融商品を買って、いまいくらですかと聞いたら、「すみません。どうも値段が下がっているようなのですが、いまいくらかわかりません。確定したらお知らせします。」と言われると不安ですよね。1万円で買ったけど9000円なのだ

証券の一部が暴落し、世界中に不安が広がった

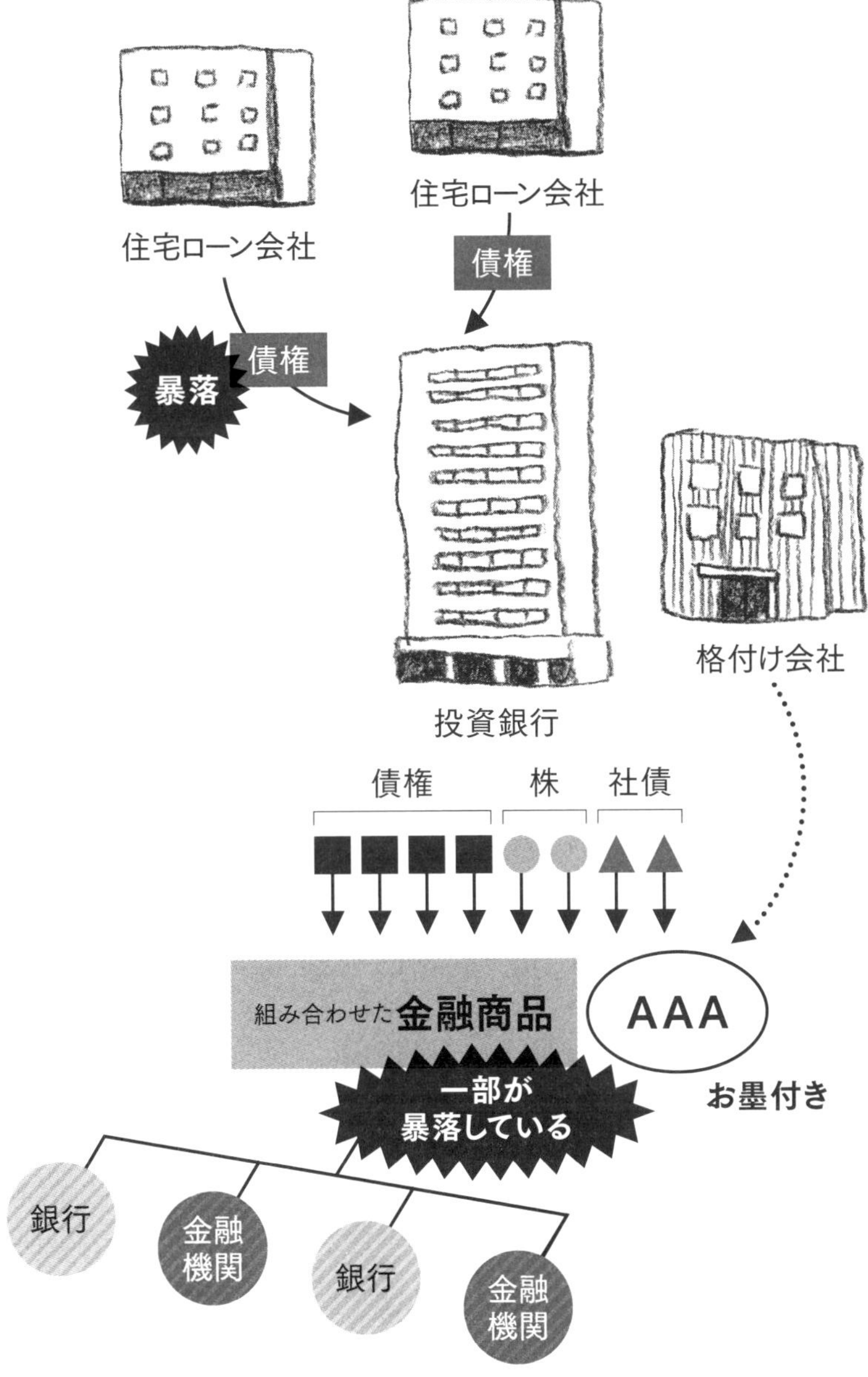

ろうか、2000円だろうか、それともゼロだろうか。

このようにしてパニックが起きました。金融機関同士は疑心暗鬼になっていきます。あそこの銀行はサブプライムローン証券をたくさん買ったらしい、あの銀行は大損をしたんじゃないか。前の授業で金融機関同士がお金の貸し借りをしているという話をしましたが、世界中で金融機関のお金の貸し借りがパタッと止まってしまいました。

リーマン・ブラザーズが経営破綻に追い込まれる

リーマン・ブラザーズはもともと債権ビジネスに強みを持ち、住宅ローンなどの証券化業務に傾斜していたため、巨額の損失を抱え込んでいるらしいという認識が投資家たちのあいだに広まりました。そのため、同社に対する信用は落ち込み、社債も株価も急落してしまいました。こうして資金繰りに行き詰まったリーマン・ブラザーズは2008年9月、経営破綻してしまったのです。

大手の金融機関が潰れてしまったら、大変な金融危機が起きるというのは世界の常識です。リーマン・ブラザーズほどの大手の投資銀行が経営危機に陥ったら、政府が救済するはずだという考えもありました。しかし当時、アメリカは共和党のブッシュ政権でした。共和党は**「小さな政府」**を提唱する政党です。政府は民間会社の経営に口を出すべきではない、それぞれの会社が自己責任において行動するべきだという、

●リーマン・ブラザーズ経営破綻
2008年9月15日、連邦破産法第11条の適用を連邦裁判所に申請して倒産した。負債総額は6130億ドルで、米史上最大規模。

フリードマン的な考え方だったわけです。ですから、アメリカ政府はリーマン・ブラザーズに公的資金を投入せず、破綻させたのでした。

リーマン・ショック——世界的な金融危機へ発展

リーマン・ブラザーズが破綻したことによって、ますます金融不安が広がりました。世界中のお金の流れが止まり、ばたばたと金融機関が潰れていくことになります。これがリーマン・ショックと呼ばれる出来事でした。

これが引き金となり、深刻な不況が広がっていきます。アメリカ中の金融機関が疑心暗鬼になってお金を貸してくれないので、たとえば車を買い換えようとしても自動車ローンを組むことができません。そうなると車を買

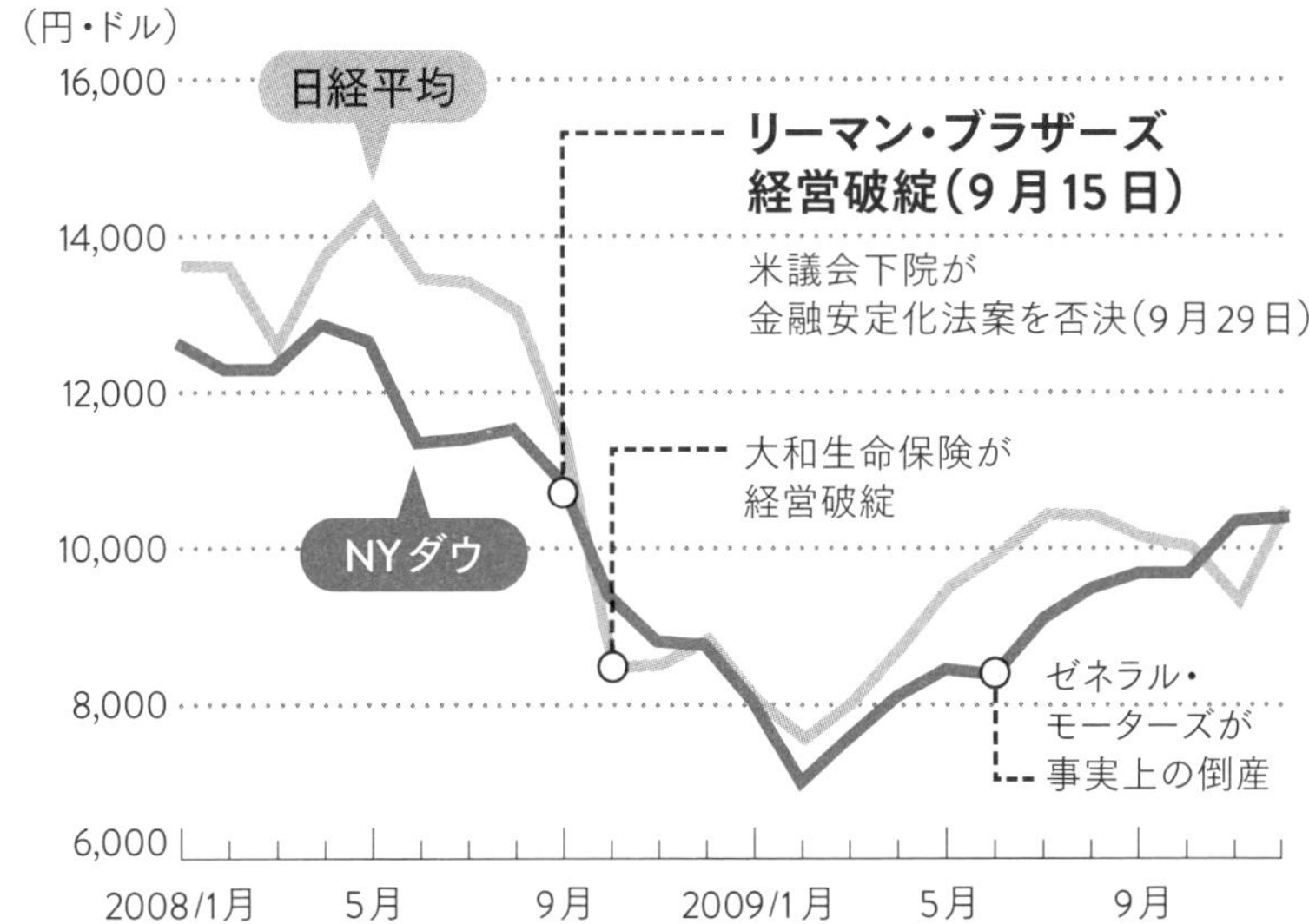

えませんから、アメリカ中で車の販売がパタッと止まります。ついに2009年6月、アメリカの自動車ビッグスリーのトップ、ゼネラル・モーターズが倒産しました。

当然、トヨタやホンダといった日本車もアメリカで売れなくなってしまいます。輸出産業は大打撃をこうむり、日本経済も落ち込んでいきます。こうして、連鎖的に世界が深刻な不況に陥っていったのです。

［補足講義］6

食い止められなかった金融危機

リーマン・ブラザーズ倒産から2週間後、アメリカ政府は公的資金を投入しての「金融安定化法案」を提出します。金融危機を食い止めるはずのこの法案は、米議会下院でまさかの否決となりました。税金を使っての金融大手の救済は、有権者の猛反発を買ったのです。これを受けて、ニューヨーク株式市場の株価は暴落しました。

金融危機への不安は一気に広がり、ドイツでは不動産金融大手のハイポ・リアル・エステートが経営危機に。アイスランドでは資金難に陥った全金融機関を事実上国有化。日本でも中堅生命保険会社の大和生命保険が破綻、日経平均株価も暴落しました。アメリカでは2009年4月に自動車大手クライスラーが、6月にはゼネラル・モーターズが事実上の倒産。さらに09年11月には中東にも飛び火、ドバイ・ショックへと発展します。

サブプライムローン問題に端を発し、アメリカを揺るがしたリーマン・ショックは、世界的な不況を引き起こしたのでした。

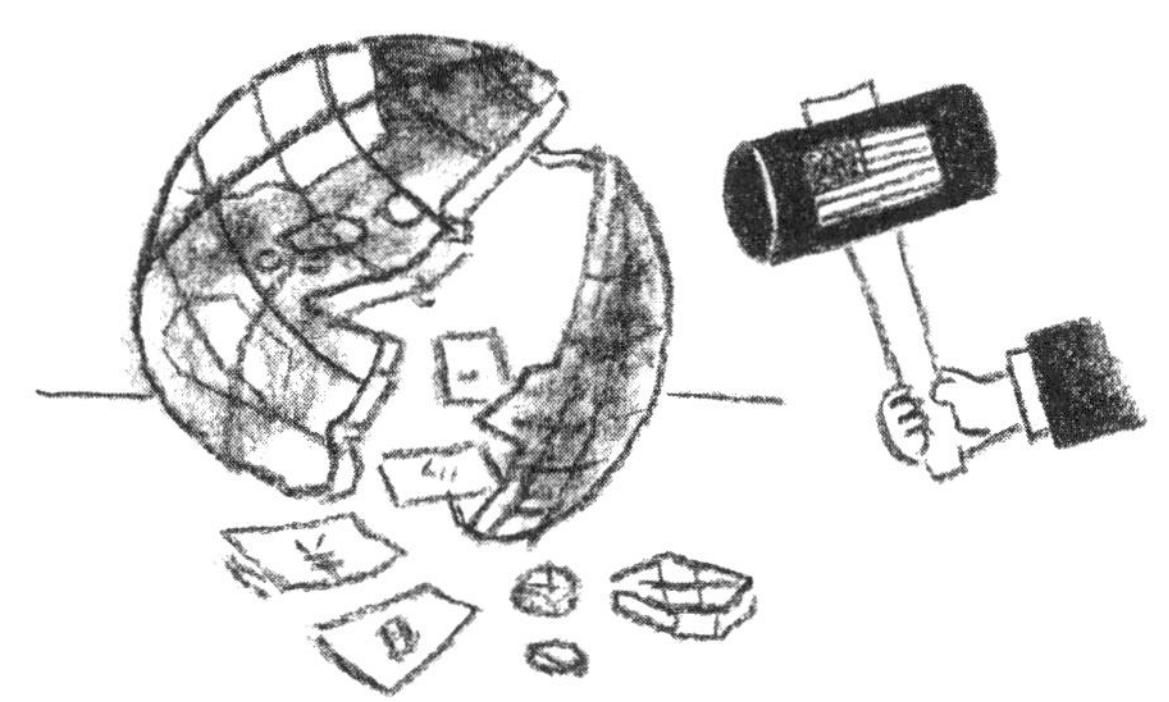

リーマン・ショック後のアメリカ

遡って1929年、世界大恐慌が起こったときにも、直前に住宅バブルがあったという話をしました。バブルがはじけてニューヨーク株式市場で株価が大暴落したとき、アメリカの大統領は共和党のフーバーでした。共和党は大きな政府を嫌いますから、フーバー政権は積極的な景気対策をせず、ますます景気が悪化してしまいました。その結果、次の選挙で共和党は敗北し、民主党のルーズベルト大統領が当選します。ルーズベルト大統領は、財政支出をして大規模な公共事業を行うことで経済を立て直すという**「ニューディール政策」**を採用しました。新規巻き直し政策ということですね。

２００８年のリーマン・ショックのとき、共和党のブッシュ政権はリーマン・ブラザーズを救済しませんでした。再び深刻な世界不況に陥り、アメリカ国民は次の選挙で民主党のオバマ大統領を選びました。オバマ大統領は赤字国債を大量に発行して公共事業を行い、景気の立て直しを図りました。歴史は繰り返すんだなということがわかると思います。

リーマン・ショックが世界に与えた影響

リーマン・ショックによる危機を乗り切るために、アメリカでもヨーロッパでも大がかりな財政支出を行い、赤字国債を発行して公共事業や景気対策を行いました。その結果、各国の財政赤字は急速に膨らみました。それが国家の財政への不信をかき立て、世界中で最も大量に保有されているアメリカの国債が債務不履行に陥るか、暴落するのではないかという不安が一挙に広がり、大混乱になりました。

また、とりわけギリシャが巨額の財政赤字を抱えていることが表面化し、ギリシャ国債の格下げと暴落が起こりました。このギリシャ危機がヨーロッパ全体に飛び火し、各国が次々と財政危機に陥って、今度はユーロの不安につながります。そしてドルもユーロも信頼できないという投資家が、「とりあえず安全な」日本円を買い、超円高につながっていったのです。

この世界経済の大混乱を引き起こしたのがリーマン・ショック、もとをたどれば世界にばらまかれたサブプライムローン債権をもとにした金融商品だったということです。

責任を問われた格付け会社

リーマン・ショックを引き起こした原因の一端として、格付け会社の責任が追及されることになりました。サブプライムローンの証券化商品に対して高い格付けを乱発したことが問題視されたのです。

格付け会社の経営トップがアメリカの議会に呼ばれ、その責任を問われました。するとその経営者はこう言ったのです。アメリカには言論表現の自由がありますよね、我が社としてはこの金融商品は優良だと思うという意見を表明したにすぎません。その格付けを受け入れるかどうか、そしてどういった行動をとるかは企業や投資家の自己責任であります。それが、格付け会社の言い分なんですね。

格付け会社は、依頼された企業の社債や金融商品を格付けするだけでなく、各国の国債の格付けも行っています。これは**勝手格付け**といって、格付け会社が無報酬で勝手にやっています。どうしてそんなことをしているかと言うと、国債を買う投資機関にアドバイスするためと、企業が立地している国の信用度がその企業を格付けする基礎になるからです。

2011年8月、S&P（スタンダード&プアーズ）社はついに**アメリカ国債の格下げ**に踏み切りました。しかし、それによってアメリカの国債が投げ売りされたりす

勝手格付け

格付け機関が、企業等の依頼を受けることなく勝手に格付けし公表すること。

●アメリカ国債の格下げ

S&P社が米国債の長期信用格付けを歴史上初めて「AAA」から「AA+」に格下げした。

ることはありませんでした。皮肉にも、リーマン・ショックによって格付け会社はその信用をかなり失ってしまったからです。

事態を一層悪化させた〝新しい金融技術〟

さらに言えば、リーマン・ショックをまねいた新しい金融技術は、債権を証券化して切り売りしたり、他の金融商品とパッケージにして売ったりすることにとどまりませんでした。今度は、保険料を払ってくれれば、証券化商品が紙屑になってしまった場合に、その元本を保証しますという保険会社が出てきたのです。つまり証券化商品のリスクに保険をかけるという、さらに新しい金融派生商品が誕生したのです。高度な金融工学によってそのリスクや保険料が計算されます。この商品をまた別の金融商品と組み合わせたりして世界中で売買をしたわけです。日本でも、この金融商品を大量に買って大きな損害を出した企業や大学がありました。

こういった**「債権の証券化」**というのが、広く使われるようになってきたんですね。なかなか難しい話ですが、理解してもらえましたか。こういった権利の売買という概念があるんですね。

この手法は、現在ではごく一般的なものとして世界中で使われています。日本でもよく行われています。たとえば、金融機関からお金を借りて、いろいろな事務所が入る複合ビルを建てます。お金を貸した金融機関はその債権を、家賃収入を利息として受け取れるという証券にしてばら売りするわけです。こうして、ビルを建てた資金を回収できるか不安というリスクを分散するしくみができているのです。

この手法自体が危険というわけではありません。そもそもリスクを少しでも減らそうという目的でこのしくみができました。しかし、その債権の中身が問題だということですよね。

２０２３年3月に起きた米国の一連の銀行破綻でも、新しい金融技術などとのかかわりが注目されています。不良債権が原因だったリーマン・ショックとは違って、２行の経営破綻は、ともに保有債券の含み損が膨らんだうえに預金の流出が止まらなかったからです。ＳＶＢの場合、インターネットバンキングなどの普及によって預金をすぐに他の金融機関に移せたこと、ＳＮＳなど個人のつながりが情報を生み出すソーシャルメディアを通じて、経営不安に関する情報が急速に広がったことが大きいと言われています。これまでには見られなかったような新しい形の「銀行取り付け」が起きたんですね。

また、シグネチャー・バンクは、暗号資産関連の企業向けの融資に力を入れていたため、預金の引き出しが加速したといいます。暗号資産というのは、情報技術の進歩によって作り出された電子マネーのようなものなのです。暗号資産業界では、２０２２年11月に暗号資産交換業大手のＦＴＸトレーディングが経営破綻したことから信用不安が広がっていました。金融危機を防ぐには、こうした新しい金融技術の広がりにも、注意を怠ってはいけないんですね。

世界金融危機の教訓

リーマン・ショックの影響で、日本でも不況による派遣切りや就職難といった深刻な問題が起こりましたが、世界経済はそれ以上に深刻な状況になりました。ヨーロッパではギリシャに端を発した経済危機が起こりました。ギリシャが破綻したら、ギリシャ国債を抱えるヨーロッパの銀行は大打撃を受けます。そうすると金融不安が広がって、世界中のお金の流れが止まってしまう可能性があるという不安が広がったのです。

リーマン・ショックのときは、ヨーロッパの国々がそれぞれ財政支出をして金融危機を食い止めました。さらに、中国などの新興国の高い経済成長が景気回復を牽引してきたのですが、ギリシャ危機ではそれも期待できませんでした。さらにアメリカ経済への信頼も揺らぎました。世界中に不安が伝染したのです。この不安の伝播を、何とかしなければなりません。だから、ＥＵが必死にギリシャの破綻を食い止めようとしたのです。

結局、ドイツやフランスなどユーロを通貨として使っている国々（ユーロ圏）が資金を出し合い、ギリシャの危機を食い止めることに一応成功しました。金融危機を繰

り返さないためにも、この時の対策などを教訓として忘れないことが大事なんですね。

国際通貨基金（IMF）の役割

IMFは、1944年のブレトンウッズ協定に基づき、翌45年に設立されました。国際通貨システムの安定化を目的として、収支上困難に陥った加盟国への融資や、各国の経済情勢の監視などを行っています。97年のアジア通貨危機の際にはタイや韓国に対し大規模な融資を行い、危機を収束させました。さらに2010年には財政危機に陥ったギリシャの救済に乗り出し、総額300億ユーロ（約3兆円）の融資を決めました。

ただし、支援するからには厳しい要求も突きつけます。IMFはタクシーの営業免許の規制緩和をはじめ、さまざまな経済改革をギリシャ政府に求めました。このようにIMFは加盟国に対し、経済の安定を促し、経済政策に対する助言を行うなどの役割も果たしています。

Q

復習問題6

Question

左記の文章が正しいかどうか、〇か×で答えましょう。

第1問　サブプライムローンは住宅ローンの一種である。

第2問　格付け会社は国の営業免許を受けている。

第3問　格付け会社がサブプライムローンの債権を組み込んだ金融商品にＡＡＡを与えたのは、「多様なものを組み合わせればリスク低減になる」と考えたからである。

第4問　リーマン・ブラザーズが破綻したときのアメリカの大統領は**2**である。
1 フーバー　**2** ブッシュ　**3** クリントン

＊答えは283ページにあります

Chapter.7

日本はどうして豊かになれたのか？

――戦後日本経済史

最後は、戦後日本経済史です。GHQによる
終戦直後の国の立て直しから、所得倍増計画に始まった
高度経済成長期。そして1ドル＝360円の円安時代
によって、日本は輸出大国となりました。
戦後から時系列に、経済政策の流れを検証します。

やさしい経済NEWS

戦後、日本の経済はいかに復興したか

終戦直後の立て直し

1945～52
▶財閥解体

1945～
▶労働組合結成の奨励

1946
▶新円切替・預金封鎖
▶農地解放

＋

1950～
▶朝鮮戦争特需

高度経済成長期

1952～
▶貯蓄増強計画

1960～
▶所得倍増計画

世界第2位の経済大国へ

円安時代
1ドル＝360円

津波に襲われた被災地と二重写しになる、終戦直後の日本

いま日本は、バブルの崩壊によって長期間続くデフレやリーマン・ショックですっかり自信をなくし、さらに、新型コロナ・ショック、ウクライナ戦争と続く歴史的な動乱期に直面して、茫然自失、いったいどうすればいいのかわからなくなっているのではないでしょうか。でも、あらためて考えてみてください。78年前には日本中すべてが焼け野原だった。それがいまでは、日本はここまで発展したのです。

２０１１年に、大きな津波の被害に遭った宮城県の小学校に行って、昭和20年9月の東京の焼け野原の写真を子どもたちに見せました。「さあここはどこだと思う?」と聞くと子どもたちはいまの宮城県の海岸だと答えたのです。見渡す限りが焼け野原、何も残っていない。津波ですべてが流されてしまった、その情景と二重写しになったのです。78年前の焼け野原は、その後見事に復興したわけです。では、どのように復興していったのか、それを見ていきましょう。

ＧＨＱが戦後日本の経済復興のため処方箋を書いた

１９４５年8月、日本は世界中の国々を相手にして戦っていた戦争に負けました。そしてアメリカの**マッカーサー元帥**をトップにした**ＧＨＱ（連合国軍最高司令官総司令部）**が日本にやってきてその占領下に入り、日本の独立は失われました。

ＧＨＱは、日本をもう二度と戦争しない、あるいは戦争できない国につくり変えようと考えました。その一つに憲法があります。このとき「戦争放棄」という条項が入った憲法をつくりました。それ以外にも日本が戦争にひた走っていった理由は何だったのだろうか、それを経済学的に分析したのです。

日本が戦争に突き進んでいったのには、いろいろな理由がありました。たとえば**財閥**という巨大な企業グループが経済を支配していて、自由な競争が起きなかった。日本国内で経済が十分発展しない分、中国大陸や東南アジアに新天地を求めて進出する人たちが大勢いました。

また、日本国内では労働組合をつくることが禁止されていたので、労働者が給料を引き上げろという要求ができませんでした。労働者の給料が安いので消費が伸びない。国内での景気がよくならないから国外に出ていこうということになります。

そこで占領軍は、**労働者に労働組合の結成**をさせようと考えます。労働条件をよく

GHQ
連合国軍最高司令官総司令部

日本の占領政策の拠点として置かれた連合国軍の機関。１９５２年、サンフランシスコ講和条約の発効により廃止された。

写真:LEONE/ullstein bild/時事通信フォト

戦後の東京(1945年)

して給料が上がっていけば、消費活動が活発になり日本経済は発展すると考えたのです。労働者の給料が増えていくと経済が発展する、まさにケインズ経済学を使ったということになります。

それから**農地解放**です。日本の農地には大地主がいて、その下で小作人が農地を借りて農業をしているという状態が続いていました。自分の土地を持っていない小作人たちにすればあまり労働意欲がわきません。これをやめて全国の農地をみんなに分け与えれば農家の人たちが労働意欲に燃えて生産に励み、日本の食料不足が解消できるのではないかと占領軍は考えました。

このようにアメリカの占領軍は日本経済を分析し、日本経済を発展させるための処方箋をつくったのです。

GHQの占領政策

1. 財閥解体
2. 労働組合結成の奨励
3. 農地解放

マッカーサーの登場

1945年8月15日、日本はポツダム宣言を受け入れて降伏しました。その半月後、コーンパイプをくわえ、レイバンのサングラスというでたちで厚木飛行場に降り立った人物が、連合国軍最高司令官、ダグラス・マッカーサーです。以後およそ6年にわたり、日本はマッカーサー率いるGHQによって統治されることとなりました。

写真：GRANGER/時事通信フォト

GHQ 最高司令官
ダグラス・マッカーサー

終戦直後の日本で起こったインフレ

終戦直後、日本はインフレで大混乱していました。どうしてインフレが起きたのでしょうか。

日本は戦争に負けました。中国大陸や東南アジアで戦争をしていた多くの兵隊が続々

GHQは日本人の労働意欲を高めようと考えました

と日本国内に戻ってきました。軍がなくなったわけですから、軍人や軍の関係者およそ700万人に一斉に退職金が支払われました。手元に現金が入ってきたのです。

しかし戦争に負けたわけですから、日本国内にはほとんどのものがなくなっていました。ものはほとんどないのにみんなが現金を手に入れた。何が起きるかもうわかりますね。猛烈な物価の値上がり、インフレが激しくなったのです。日本国内にお金があふれているけれど買うものがない状態になった、急激なインフレになったということです。

世の中に出回るお金の量を減らして、インフレを退治する

そこで占領軍や日本の政府は、世の中にあふれているお金を何とか減らそうと考えます。インフレについて解説したChapter.1で、アフリカのジンバブエがインフレにどう対応したかという話をして皆さんに解決策はないですかと聞いたとき、お金を燃やしてしまえばいいというアイデアが出ましたよね。まさにそれなんです。お金を燃やすわけにはいかないですが、世の中に出回っているお金の量を減らしてしまえばインフレを止めることができると政府は考えたのです。

政府は円を新しい円に変えてしまう**新円切替**を実施しました。まず、新円に切り替えるために**預金封鎖**を行います。これで世の中に出回るお金の量を一挙に減らしてし

新円切替
預金封鎖

終戦後のインフレ対策として行われた金融政策。従来紙幣を強制的に預金させ旧円の流通を止め、預金引出額を制限したうえで新円に切り替え、市中に出回る紙幣の量を減らした。

まおうと考えました。

それでは新円切替や預金封鎖はどのように行われたのでしょうか。1946年2月、まず国民に向けて古い紙幣はもう使えなくなるからその前に預金してくださいと呼びかけます。こうして世の中に出回っている古い紙幣を全部銀行に集めました。

銀行はその預金を封鎖します。預けたお金の全額は引き出すことができなくなりました。引き出せる金額を制限し、銀行から引き出されるお金を新しい紙幣にして、その新しい紙幣しか使えないようにする。これが新円切替と預金封鎖です。

インフレの原因は大量の引揚げ者

終戦直後、およそ330万人の軍人や軍関係者が外地にいました。シベリア抑留者や外地で戦争犯罪人にされた人たちなどを除いて、中国本土から104万人、東南アジアから79万人、ソ連から45万人など約310万人が日本に引揚げてきました。

人々が一斉に日本国内に戻り、新たな生活を始めようとしたことも、急激なインフレの原因となったのです。

［補足講義］

日本の預金封鎖はなぜ成功したのか

7

1946年に預金封鎖が行われたとき、いくらの預金を引き出すことができたのでしょうか。まず、世帯主は月300円、家族1人につき100円。3人家族なら500円ということになります。500円は新しいお札で渡しましょう、残りは封鎖預金に入れておきます、というかたちをとりました。

つまり一定額の預金しか引き出せなくなりましたが、残りの預金を全部紙屑にしてしまうという北朝鮮のデノミのような乱暴なやり方はしませんでした。預金を預けたら一度には引き出せませんが、少しずつ引き出せるようにし、とりあえず毎月引き出せるお金の量を減らしたのです。これによって日本中に流れていたお金の量が激減しました。

この思い切ったやり方で、約500億円の日銀券が回収され、インフレは一時的に足踏みします。しかし、生産活動はまだ本格的に動いておらず、依然として深刻な物不足が続いていました。戦後はやめていた経済統制を復活させて、物価上昇を抑えようとしますが、再び、インフレの勢いが強まります。「ドッジ・ライン」と呼ばれるデフレ政策が効き目を表わした1949年になって、さしもの超インフレもようやく収まりました。

ＧＨＱの占領政策１――財閥解体

日本の経済を新しくしようとＧＨＱが行ったのが、**財閥解体**でした。当時日本にはさまざまな大きな財閥がありました。特に三井財閥、三菱財閥、住友財閥、安田財閥の**4大財閥**が有名です。安田財閥というのは、いまの芙蓉グループです。かつての富士銀行（現みずほ銀行）、安田信託銀行、安田火災など安田あるいは富士という名前がついていた企業がいわゆる安田財閥です。

財閥には三井本家、三菱本家というような**本家**の人がいます。普通の家族なのですが、さまざまな会社の株を大量に持っています。その下に何百社もの会社がありました。三井とか三菱という名前が頭についた会社がたくさんあるのです。その株を全部その一族が持っている。その一族がそれぞれの会社の経営者を任命し、会社の利益はその本家に上がってくる、こういうやり方になっていました。

最近よく格差社会と言われますが、太平洋戦争が終わる前の日本の格差は、いまの格差どころではありませんでした。どれくらいの格差があったかと言えば、財閥の本家の社員の冬のボーナスで、東京都内に一軒家が買

財閥解体

財閥とは、同族による独占的な出資のもと大企業を支配し多角的経営を行う形態のこと。ＧＨＱはこれを日本のアジア侵略の原因として解体を命じた。

財閥解体で競争を促したのです

えたと言われています。いまのお金のイメージだと5000万円くらいだと考えてください。

その一方で貧しい人たちも圧倒的にいたわけです。GHQはこの財閥を解体させます。まったくばらばらな会社にしたり名前を変えたりして、それぞれに自由な競争をさせるようにしました。財閥によって企業が一つのグループになっていると、一つの業種に大きな会社が1社だけとなってそこを独占してしまい、競争になりませんよね。いろいろなライバルの会社がいて激しく競争することによって経済が発展する、そういうやり方をとろうとしました。

また財閥というまさに封建領主のようなかたちで本家の人が君臨すると、それ以外の社員たちがみんな本家の言うことをきくわけです。それではまるで封建制度だ、ちゃんとした資本主義の社会にしようということになりました。

本家社員の優雅な生活

毎年のボーナスだけで都内に一軒家が買えたので、本家の社員は勤めている間に都内に何軒もの家を持つことができました。そして定年退職後にそれを貸し出し、その家賃収入で悠々自適の生活ができました。当時、東北などから出稼ぎにきた女性たちは、住み込みでお手伝いさんをする人もいました。東京のいわゆる山の手というちょっとした住宅街には、どこの家にもみんなお手伝いさんがいたのです。

4大財閥

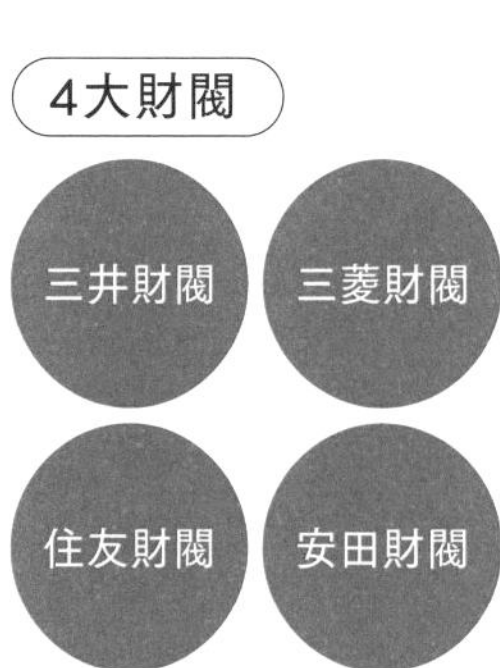

財閥解体による経営陣の若返りで日本経済が活性化した

この財閥解体のときに、財閥のトップにいた人たちが次々に追放されていきました。これを**財界追放**と言います。50代、60代あるいは70代の経営陣たちが戦争の責任をとらされるかたちで追放されたのです。

会社からトップの人たちがいなくなったため、30代、40代の社員たちが会社の社長や役員にならざるを得なくなりました。こうして日本中で企業の経営陣の若返りが図られました。

40代で会社の社長になると、まだ何十年もその会社で働くわけですから会社の発展を考えます。それなら少しでも会社を大きくしようかという発想になります。攻めの姿勢になっていくんですね。こうしていろいろな企業が活性化し、日本経済がどんどん発展していく活力となりました。

ある日突然、重役になったら…

源氏鶏太という人が書いた『三等重役』という小説が、当時大変ヒットしました。その頃は国鉄が日本中を走っていましたが、一等車、二等車、三等車という区分がありました。普通の庶民が使うのは三等車です。所詮自分は三等車に乗るような人間だと思っていたら、財界追放で経営陣が全員追放されてしまって、ヒラのサラリーマンがある日突然重役になっちゃった、さあ困ったという悲哀を書いた小説です。

GHQの占領政策2——労働組合結成の奨励

またGHQの占領政策により、1946年3月に労働組合法が施行され、**労働組合**が結成されていきました。

労働者たちが自分たちの権利を守る、給料の引き上げを要求する、給料が上がっていけば消費が増えていくだろうとGHQは考えたのです。労働者が労働条件を守り高い給料をもらえるようになれば、消費が活発になり経済が発展する。日本国内で経済が発展すれば、わざわざよその国を侵略することはないだろうということです。

ただし労働組合が結成されたことにより、たとえば政治的な主張などを打ち出して労働組合が長期のストライキに入るなどの混乱も起きました。

電力不足解消のために考えられた傾斜生産方式

こうして少しずつ経済の立て直しが始まりました。日本はGHQに言われたことばかりしていたわけではありません。自分たちで考えた独自の政策もありました。それが**傾斜生産方式**です。すべてのエネルギーや力を、あるものに傾斜的に、一方的に注ぎ込もうという考え方で、1947年から実施されました。

労働組合

労働者が労働条件の維持・改善や社会的地位の向上などを目的として、自主的に結成する団体。

メーデーの復活

1946年5月1日のメーデーには、皇居前広場に50万もの人々が集まりました。1936年以降開催が禁じられてきたメーデーが11年ぶりに復活したのです。労働組合法の施行後に多くの労働組合が生まれ、1947年に組合員の数は500万人を突破しました。すべての雇用労働者に占める組合員の割合が60%以上の時代もあったと言われていますが、2022年には16.5%にまで低下しています。

とにかく、戦後すっかり荒れ果ててしまっている国を立て直さなければなりませんでした。でも発電所がみんなだめになっていて電気が不足し、ひっきりなしに停電していました。このままでは生活がよくならないから、発電所をきちんと整備して電力を供給しなければなりません。

また多くの産業にとっても、工場を動かすための電気が必要です。だからまずは産業を振興させ人々の暮らしを豊かにするためには電力こそが大事なんだ、発電所をつくり、発電所のエネルギーを確保すること、これにすべての力を注ごうということになりました。

発電所のエネルギーは当時、石炭でした。石炭を掘ってその石炭で火力発電所を動かして電気を起こします。そのため石炭の生産に全力をあげようとします。しかし戦争中は大量の石炭が必要だったため、めちゃくちゃな石炭の掘り方をしていました。そのため全国の炭鉱はすっかり荒れ果てていました。そのままでは穴を掘っていくうちに上から土砂が落ちてくる落盤事故が起こり、危なくて石炭を掘り出すわけにいきませんから、まずは炭鉱を整備しなければなりません。

そこで上から土砂が落ちて穴がふさがれないように、大量の鉄で炭鉱を補強し、土砂が崩れるのを防ごうと考えました。そのためには鉄が必要なので、製鉄会社をつくって鉄を大量に生産し、その鉄によって炭鉱を整備して石炭を掘り出し、その石炭で発電所を動かそうということになったのです。

ある産業に資材や資金を重点的に投入し、それらの循環的拡大を通じて産業全体の拡大を図る方法。戦後日本では、鉄鋼、石炭増産に集中的に取り組んだ。

でもちょっと考えてみてください。鉄は鉄鉱石を溶かしてつくりますよね。そのエネルギーは何かと言えば石炭です。石炭がなければ鉄をつくることができないし、また鉄がないと石炭がつくれない。結局電気を起こすことができない。このように当時の日本はにっちもさっちもいかない状態だったのです。

さあ、どうすればいいのか。とにかく何とかして鉄をつくることができれば石炭を掘れるのだから、製鉄所で鉄鉱石を溶かす熱源として重油を援助してほしいとアメリカに頼みます。アメリカから重油の援助を受け、その重油を燃やすことによって鉄鉱石を溶かし、製鉄所を動かして鉄をつくります。その鉄で炭鉱を整備して石炭を掘り出し、その石炭によって発電をし、電力によって産業が発展し、人々の暮らしが豊かになっていく、というやり方をとることができたのです。

傾斜生産方式

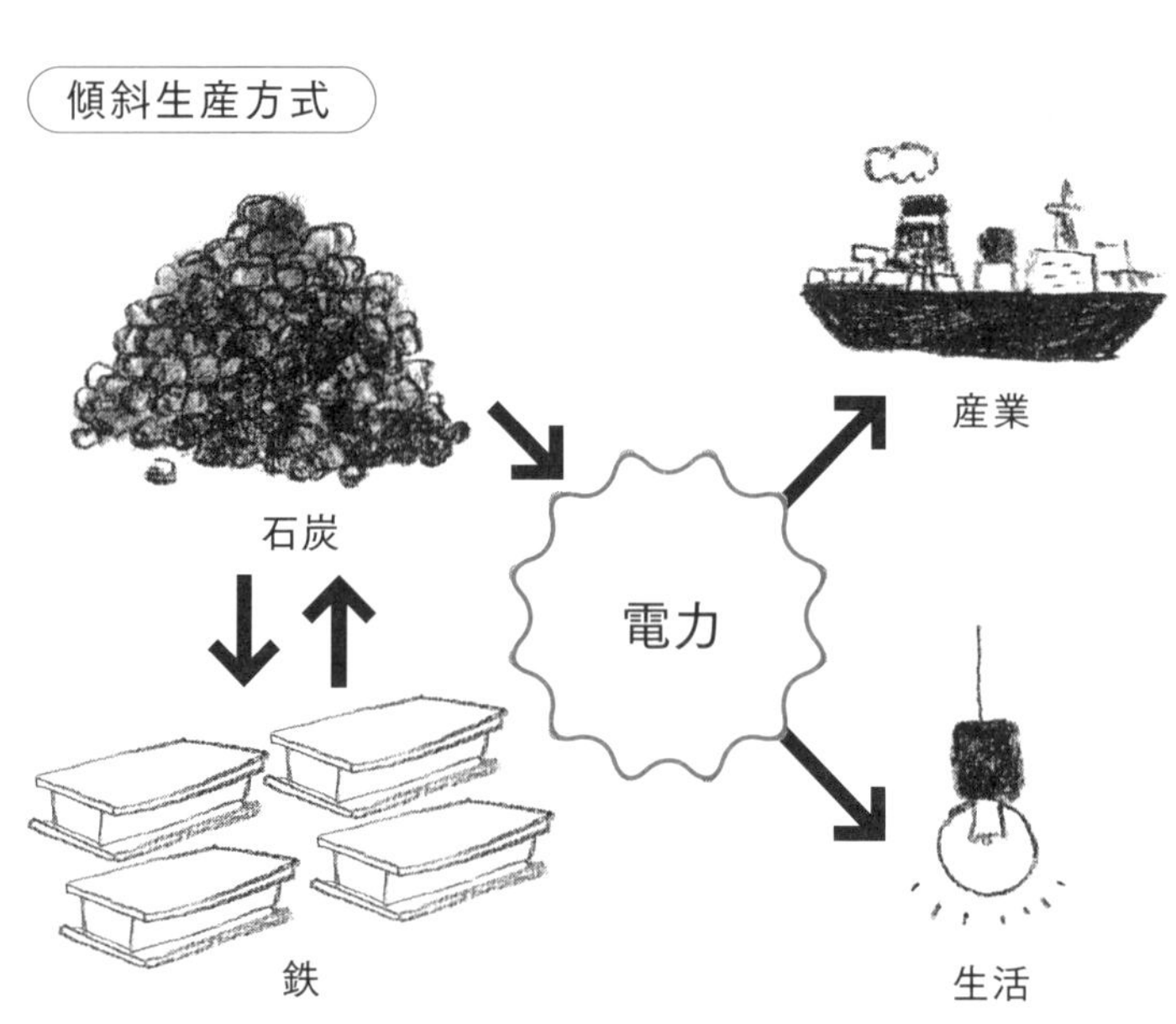

電力不足解消のために、石炭と鉄の増産に力を入れ、
国がそこに集中的に資材や資金を投入し、
経済全体を拡大する

ＧＨＱの占領政策３——農地解放

一方で全国では**農地解放**が行われました。それまで小作人の人たちは地主の土地で働いて、つくったものの大半は地主に納めなければならなかったのですが、農地解放でみんな自分のものになりました。

つくったものがすべて自分たちのものになれば、人々は一生懸命働くようになります。また電力の供給により肥料工場も稼動するようになり、肥料をつくることができるようになりました。その肥料を使って日本の農業はどんどん発展していきました。

戦前は食料危機がよく起こりました。東北地方では冷害で米がつくれなくて飢え死にする人が出るような状態が続いていました。でもこの農地解放によって、つくったものが全部自分のものになる、そしてそれを売ればお金になるというしくみにしたとたん、農業生産が爆発的に増えていったのです。

経済学で言うと**インセンティブ**と言います。このようなやる気を起こすしくみにすると、働けと命令しなくても人々は働くようになるのです。上から働け、働けと言ってもだめなんですね。そんなことをしなくても、働けば豊かになるというしくみにすれば、みんな一生懸命働くようになります。日本の場合、農地解放というやり方によって、それができるようになりました。

農地解放

ＧＨＱの指令で行われた農業の民主的改革。国家が不在地主などの土地を強制的に買収して小作人に売り渡し、旧来の地主・小作人制度が解体された。

こうして日本の工業、農業ともに活性化し、経済は発展していきました。

自衛隊誕生のきっかけは朝鮮戦争だった

日本経済はようやく発展していきますが、そのころ朝鮮半島では戦争が勃発します。1950年6月25日のことです。625というのは韓国語で「ユギオ」と言います。そのため韓国の人たちはこの戦争のことをユギオと言います。

この日、突然北朝鮮の大軍が韓国に攻め込んできました。そのときアメリカ軍は韓国にはいませんでしたが、韓国軍が総崩れになりそうな状態となったため、応援に入りました。応援に入ったのは、日本に駐留していたアメリカ軍でした。当時7万5000人のアメリカ兵が日本に駐留していました。アメリカ本土から兵隊を送る時間がなかったため、急遽日本にいる駐留兵を朝鮮半島に派遣したのです。

その結果日本の国内に軍隊がいなくなってしまいました。当時は東西冷戦時代ですから、日本からアメリカ軍が一切いなくなると、もしソ連軍が攻めてきたらあっという間に占領されてしまいます。それでは大変だということで、アメリカは日本に**警察予備隊**をつくりなさいと命令しました。この警察予備隊は、やがて自衛隊に発展していくことになります。日本に自衛隊が誕生するきっかけとなったのは、朝鮮戦争だったのです。

インセンティブ
incentive
＝
やる気

警察予備隊

朝鮮戦争の始まった1950年に日本の警察力増強を目的にポツダム政令によって設けられた機関。52年に保安隊に改編、54年に自衛隊となる。

朝鮮戦争特需が日本経済の発展を後押しした

戦争をするときは、大量の物資が必要になります。兵隊の制服から食べ物、トラックなど、ありとあらゆるものが不足します。このとき朝鮮半島全体が戦場になっていたので、朝鮮の工場でものをつくることができませんでした。

そのためこれらの物資を日本でつくり、それを朝鮮へ運び込むことになりました。アメリカから大量の注文が日本にやってきます。これが特需という特別な需要の発生です。この朝鮮戦争特需により、日本の工場がフル生産するようになりました。これによって日本経済が大きく発展していくことになります。その前から日本は自力で経済発展していく軌道に乗っていたわけですが、そこに朝鮮戦争という不幸な事態が起きたことによって、さらに日本経済が大きく発展したということがあります。

ちなみに韓国は、ベトナム戦争によって経済が発展していきました。朝鮮戦争のあと、アメリカ軍はベトナムで戦争を始めます。そのとき韓国は、朝鮮戦争のときアメリカ軍が守ってくれたおかげで韓国という国が生き延びることができたのだから、今度はアメリカに恩返しをしようと、アメリカ軍に協力するため韓国軍をベトナムに送り込みます。韓国軍はベトナムで戦い、大勢の犠牲者も出ています。

アメリカは、韓国が軍隊を出して自分たちの味方をしてくれた、それなら必要な物

自衛隊の誕生

日本占領軍を朝鮮半島に送り出したマッカーサーは、日本国内の空白を埋めるため、日本の警察力を強化することを政府に勧告し、警察予備隊を創設するよう指示しました。予備隊はただちに志願者を募り、7万5000人の陣容をもって発足しました。一方、海上警備隊も1952年8月にはフリゲート艦5隻、上陸用舟艇8隻を譲り受けて独立し、沿岸海上警備隊が創設されました。警察予備隊と海上警備隊は、やがて組織や名称を変え、陸海空からなる自衛隊が発足したのです。

1950年	警察予備隊の創設
1952年	海上警備隊の創設
1954年	防衛庁（現防衛省）の設置 自衛隊発足

資は韓国に注文しようということになり、韓国はアメリカから物資の大量注文を受け、経済が発展していくことになったのです。このように別の国の戦争によってその国が発展するという、非常に皮肉なことが起きるのです。

所得倍増の達成はインフラ整備から始まった

そして1960年、当時の池田勇人首相が**所得倍増計画**を打ち出します。国民の所得を10年間で倍にする、これが所得倍増計画です。池田首相が記者会見をして、これから10年間で国民の所得を倍にしますと宣言をしました。

当時の新聞記者たちは、大風呂敷を広げているな、そんなことできるわけないだろうと、冷やかに受け止めていたのですが、本当に所得が倍増します。さて何をやったのでしょうか。

経済を発展させるためには、まず道路の舗装から始めなければならないということで道路の整備が行われます。道路が舗装されていなければ、物資を運ぶのに非常に時間がかかります。私は2010年にアフリカのスーダン南部（現南スーダン）へ取材に行きました。道路があるにはありますが、ほとんどが舗装されていません。雨が降るたびにぬかるんだり穴があいたりして道路がでこぼこになるので、物資を運ぶトラックがのろのろ運転をしなければなりません。舗装されていれば1時間で行けるような場所に、半日あるいは1日かかります。日本国内も戦後はそれと同じような状態になっていました。

終戦直後、アメリカから日本の道路の視察にきた専門家が、帰国後、「日本に道路

池田勇人首相

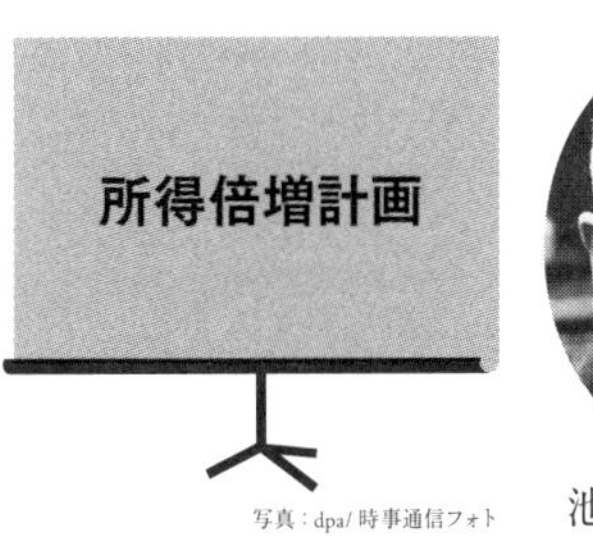

写真：dpa/時事通信フォト

池田勇人内閣による長期経済計画のこと。大蔵大臣に田中角栄氏を起用し、10年間での所得倍増を目指し、7年目に達成された。

戦闘機を牛車で運ぶ!?

戦前の日本の経済はとてもいびつでした。たとえば太平洋戦争中、日本海軍が誇った零式戦闘機、通称ゼロ戦という戦闘機がありますが、これは名古屋の工場でつくられていました。つくったゼロ戦は各務原という岐阜の飛行場まで運び、そこから飛ばしていました。名古屋の工場から岐阜までどうやってゼロ戦を運んだのか。なんと牛車で運んだのです。牛が引っ張る荷台にゼロ戦を積んで運んだ。舗装道路がなかったので、普通のトラックだとガタガタして飛行機が壊れてしまう。だから牛でおそるおそる引っ張って飛行場まで運んだのです。世界に誇るゼロ戦というとても性能のいい戦闘機をつくる能力がありながら、道路はほとんど舗装されていなかったのです。

は存在しない、道路予定地しかない」という言い方をしたほどです。アメリカ人にとって道路というのは舗装されたまっすぐな道のことです。日本では舗装されている道はほとんどなく、土の道路ばかりでした。よくて砂がかけてあるくらいのものです。私たち日本人はそれを道路だと思っていましたが、アメリカ人には道路予定地にしか見えなかったのです。

また全国の港湾を整備しました。貨物船が港につけられるようにして、生産したものを輸出できるようにしました。

このような道路や港湾の整備のことを**社会資本整備**と言います。よくインフラ、インフラと言いますが、これは社会の基盤のことです。これを社会資本と言います。それを整備していくというやり方でお金を注ぎ込んだのです。

道路や港湾が整備され、国内で物資を運ぶことがスムーズになっていきます。工場生産が軌道に乗り、つくられたものは港から貨物船で海外に輸出されていったのです。

それから全国に理工系の大学、あるいは理工系の学部をたくさんつくる方針になりました。これから国民が豊かになっていくためには、工場を増やしたりさまざまな技術を開発しなければいけない。そのためには理工系の人材が必要だろうと、全国に工業という名前のついた大学や学部が次々とつくられました。そこで教育を終えた人たちがメーカーや研究所に就職するというかたちで、日本の技術を発展させていこうとしました。

社会資本整備

社会資本とは、国民生活に必要不可欠な公共施設のことで、生活関係では上下水道・公園・病院など、産業関係では道路・港湾・空港などがある。戦後日本は産業関連の整備が優先されてきた。

全国に理工系の大学がつくられました

銀行のお金不足解消のため行われた、貯蓄の一大キャンペーン

また、企業が工場をつくるためには、銀行からお金を借りなければなりません。ところが銀行ではお金がすっかり不足していました。国民はまだまだ貧しくて、なかなか銀行に預金をしないので、そもそも銀行のお金が足りないのです。

そこで日本全国でみんな貯蓄をしよう、みんなが貯蓄をすれば未来は明るい、老後のためにもとにかく貯蓄をしようという一大キャンペーンを張ります。小学校では子ども銀行というのがつくられ、小学生のうちからお小遣いは銀行に預金するんだよ、郵便局に貯金するんだよ、そういうものだという教育をします。

私も小学校の頃にお年玉をもらうと、これは貯金をしなければいけないものなんだ、使っちゃいけないんだとなぜか思い込んでいました。多くの人たちがそうだったと思います。日本人はこの一大キャンペーン以来、お金が余ったらまず銀行に預金しよう、将来のために預金しようという発想がすっかり根付いてしまったのかもしれません。

こうして国民みんながせっせと銀行に貯蓄をするようになりました。銀行にはお金がたくさん集まり、銀行はそのお金をいろいろな企業に貸し出し、そのお金で工場がどんどんつくられて日本の経済が発展していきました。

また労働組合は、政府が所得が倍増すると言っているんだから給料を上げろと交渉

開発援助は日本のためにもなる

世界のいわゆる開発途上国は、発展しようにも銀行にお金がないので、預金を集めるところから苦労するという国々が非常に多くあります。しかし、貧しい人々が多い国では預金のしようがありません。

このような場合、経済援助というのが行われます。世界銀行がお金を貸すというやり方もありますが、日本はODA（政府開発援助）というかたちで海外にたくさんのお金を貸しています。その借りたお金で道路や港湾を整備する、あるいは工場をつくり、それで経済が発展してくるということがあります。

日本が開発援助をした東南アジアが発展したおかげで、日本の輸出が伸びました。海外に援助してその国が豊かになると、そこは巨大なマーケットになるということです。

戦略的に考えれば、海外援助は結局、日本のためにもなるということです。「情けは人のためならず」と言いますね。誰かに情けをかければ、結局回り回って自分のためになるという意味です。つまり、海外への援助というのは回り回って結局は日本のためにもなる、そういう性格のものでもあるということです。

お金は使うもの？　ためるもの？

子どもの職業体験テーマパーク「キッザニア」というのが、東京と兵庫、福岡にあります。もともとメキシコにあったテーマパークですが、ある経営者がメキシコでこのテーマパークを見つけて、これはおもしろい、日本でもやろうと、メキシコのキッザニアと提携してつくりました。

ここでは子どもたちがテーマパークに入場するときにその中だけで使えるお金を受け取ります。そこでいろいろなものを買ったり、実際に職業体験をしてお金を稼いだりします。銀行のATMもあり、稼いだお金をそこに預金しておくことができます。そして次回、また来場したときにATMでそのお金を引き出して買い物ができるというしくみです。

おもしろいのは、メキシコのキッザニアでは、入るときに受け取ったお金を子どもたちが全部使い切って帰るのだそうです。日本の子どもたちは、稼いだお金は全部預金して、ATMにたっぷり入れて帰って行くそうです。これほどにお金に対する意識が違うんですね。

を始めるようになります。企業にしても経済がこれから発展していくのであれば、少しくらい社員の給料を上げても、その分ものが売れて結局利益が上がるのだからいいじゃないか、労働組合の要求に応えて社員の給料を増やしてやろうということになります。

このように政府が明確な政策を宣言したことによって、人々がある種の安心感を得て、本当に所得が倍増するんだな、それならいろいろな生産計画を立てていこうかなということになるんですね。それによって本当に経済が発展していくのです。

インフラ整備で経済活動が活発になり消費が増えていった

1964年には、東海道新幹線が開通しました。この新幹線は**世界銀行**からお金を借りてつくられました。東京駅には、東海道新幹線は世界銀行から借りたお金によってつくられましたという碑がいまでも残っています。

そして東西の大動脈である東名高速道路、そして名神高速道路もつくられていきました。これも最初の資金は世界銀行から借りてつくられました。有料道路ですから、高速道路を利用する人が払った料金で借金を返すというかたちをとったわけです。東京と大阪を結ぶ大動脈である新幹線と道路ができた。これによって物流、人の流れがどんどん活発になり経済が発展していきました。

企業にしてみれば、これから所得がどんどん増えるのだから、みんなが買いたいものをつくっていこうと考えるし、所得が増えれば増えた人たちはそれで買いたいというものが出てきます。

そして前にも取り上げた**3C**と言われるものが出てきました。クーラー、カラーテレビ、マイカー、これが一大ブームになります。お隣の家ではカラーテレビが入った、お隣の家が車を買った、じゃあうちも買いましょうよと消費が増えていくのです。インフラが整備され、経済活動が活発になった。それによって所得も向上していったということです。日本という国がそうやってどんどん発展していきます。

写真：朝日新聞社／時事通信フォト

会社で残業のほうが家より快適!?

　昔はクーラーのある家はなかなかありませんでした。会社員だとまず会社にクーラーが入るようになって昼間はクーラーのきいたところで働けます。快適ですよね。でも夕方仕事が終わって家に帰るとクーラーがない。うだるような暑さです。憂鬱だな、だったら会社に残って仕事しようかな、残業代もでるし、何といってもクーラーがあるから涼しいと考えて、高度経済成長時代、人々はとにかく会社に夜遅くまで残って働くということが続くようになりました。会社にいるほうが快適な状態になっていくわけですね。家族を顧みないでひたすら働き続けるという猛烈なサラリーマンが、当時次々に生まれました。

夢の海外旅行にも行けるようになった

このようにして、１９６０年代の後半から70年代の初めにかけて、日本はどんどん豊かになっていきました。ついには夢のまた夢であった海外旅行へ行く人たちが出てきます。

高度経済成長の下で、次々と新しい工場や住宅をつくるための土地が必要となり、農家が農地を売ります。どんどん豊かになる農家の人たちが増えていきます。このとき農協が主催する海外旅行ツアーが一大ブームになりました。

最近同じようなことが世界各地で起きています。韓国では１９９０年代、そして２０００年から２０１０年にかけては中国です。国が豊かになっていくと、やはり海外旅行に行きたい。しかし海外のルール、マナーを知らないままだといろいろなところでトラブルが起きます。いま中国の旅行者が各地でさまざまなトラブルを起こしていますが、かつて１９６０～70年代には日本の旅行者も同じようなことをしていたんだなと思えば、冷静にものごとを見ることができるのではないかと思います。

その後、日本は輸出大国になっていきます。アメリカは社会主義国家に対抗するため日本経済を立て直す必要があった。そのため、１ドル３６０円という、日本にとって非常に有利な円安基準に設定したのでしたね。この円安によって海外にものを安く

1963 年 4 月	業務渡航を承認
1964 年 4 月	年1回限りの観光渡航を承認
1966 年 1 月	観光渡航の回数制限を撤廃

売ることができ、それによって輸出産業が発展し、日本はさらなる経済発展を遂げていくことになるのです。

明確な経済政策をとれば、国は復興する

これまでの中で、そもそも経済とは何だろう、あるいは経済学とは何だろうということを考えてきました。おそらく皆さんは最初、経済や経済学って難しいな、自分の暮らしからは縁遠いなというイメージを持っていたのではないでしょうか。でも具体的な身近な話で考えていくと、**私たちの身の回りはまさに経済によって成り立っています。**経済学の考え方を少しでも知ると、世の中というものが見えてくるのです。

経済学という学問は、世の中を分析する一

生まれて初めての海外旅行

農協が主催したツアー団体が、アメリカやヨーロッパに旅行します。ホテルのオートロックというしくみを知らないので、鍵を部屋の中に置いたまま外に出てしまう。ドアがパタンと閉まって中に入れず、下着のまま廊下に取り残されるという人が大勢出ました。腹巻やステテコ姿でパリの高級ホテルのロビーをうろうろするのですから、大ひんしゅくをかいます。下着姿で外に出ないでくださいという日本人向けの表示が出されたりしました。あるいはパリのブランドショップに行くと、大勢の日本人が群がって、ルイヴィトンから何から、全部買い占めていきます。店頭に商品がなくなるなんていうことが次々に起きるようになりました。日本人旅行者も世界中でひんしゅくを買っていた時代があったということです。

つの武器になり得るということです。経済とは要するに人間の営みであって、人々の思惑によって経済は動いている。そしてお金が回ることによって経済は発展し、お金が回らなくなるとうまくいかなくなるということも、わかっていただけたのではないかと思います。

戦後の日本には、大変な問題がたくさんありました。しかし、こうすれば経済が発展するのではないかという明確な経済政策を打ち出し、見事に復興しました。

また人間というのは戦争やバブルなど、たびたび問題を起こしたりする、愚かだなという部分もあります。でもその一方できちんとした経済政策を打ち出すと、その国は見事に発展する、それもまた一つの真理なんですね。

人間は愚かですけど、また賢い生き物でもあります。愚かさからいろいろな問題も起きる、でもきちんとそれぞれの時代に合った処方箋を書くことができれば経済は発展し、人々は貧しさから脱出することが可能になる。経済学とはそういう役割を持っているのではないかと思います。

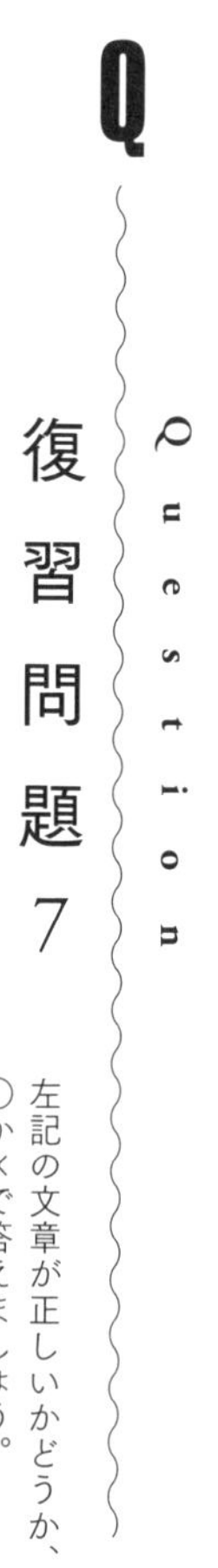

復習問題7

左記の文章が正しいかどうか、〇か×で答えましょう。

第1問 農地解放で日本の農業は衰退を始めた。

第2問 GHQが日本での労働組合結成を働きかけたのは、日本国内で混乱を引き起こし、戦争ができない国にしようと考えたからだ。

第3問 傾斜生産方式は、消費物資の生産に傾注することである。

第4問 池田内閣時代、インフレ退治のために貯蓄を推奨した。

第5問 GHQの占領政策は次のうち3である。
1 所得倍増計画　**2** 財閥解体　**3** 傾斜生産方式

＊答えは283ページにあります

A 復習問題の答え

Answer

Chapter.1

第1問
× コストが押し上げられて物価が上がるので望ましくない。

第2問
○

第3問
× **1**の「フィリップス曲線」。

Chapter.2

第1問
× 財政政策は国が行う。

第2問
× 日本銀行は政府に入ってきた税金を管理している。

第3問
× 現在は日本銀行がコール市場に介入する公開市場操作によって金利誘導を行っている。

第4問
○ アメリカには12の中央銀行（連邦準備銀行）がある。

第5問
× **3**の「貨幣の製造」。

Chapter.3

第1問
× ドル高是正のための合意。

第2問
○ 予測した世界の投資家が、一斉に株を売った。

第3問
× 土地や株などの価値が高まることによって、消費や投資活動が活発になるのが資産効果。

第4問
○ **2**の「ロックフェラーセンタービル」。

Chapter.4

第1問
○ 金1オンス=35ドルに固定された。

第2問
× 金とドルの交換停止が宣言されたのがニクソンショック。

第3問
× ユーロだけでなく他の通貨に対しても円の価値が上がること。

第4問
× **3**の「英・ポンド」。

Chapter.5

第1問
× 景気の影響を受けやすいのは所得税や法人税などの直接税。消費税などの間接税は影響を受けにくい。

第2問
× 消費税には逆累進性、つまり所得の低い人ほど負担が重くなる性格がある。

第3問
× 生産年齢人口とは、15歳以上65歳未満の年齢層を指す。

第4問
○ **2**の「6対4」。

Chapter.6

第1問
○ サブプライムローンとは、信用の低い人に高い金利で貸し出す住宅ローンのこと。

第2問
× 格付け会社は民間の信用で成り立っている会社。

第3問
○ 多様な金融商品を組み合わせれば債権が一度に全部焦げ付くことはないからリスクは低い、と考えた。

第4問
○ **2**の「ブッシュ」。

Chapter.7

第1問
× 農地解放によって地主制が解体され、小作人が自分の土地を持つようになってやる気を起こし、農業が活性化した。

第2問
× 労働組合が結成されることで労働条件が良くなり、経済が発展すれば侵略戦争をしない国になるだろうとＧＨＱは考えた。

第3問
× ある産業に資材や資金を重点的に投入し、それらの循環的拡大を通じて産業全体の拡大を図る方法。

第4問
× 池田内閣が推し進めたのは所得倍増計画。戦後のインフレ退治には、預金封鎖による新円切替が実施された。

第5問
× **2**の「財閥解体」。

書籍製作スタッフ

イラストレーション	北村 人
ブックデザイン	新井大輔 八木麻祐子
構成	武安美雪
編集協力	玉利伸吾
DTP	forest
校正	ヴェリタ

本書はBSジャパン（現BSテレ東）で2011年から2012年にかけて放送された
『池上彰のやさしい経済学』をもとに、2013年11月に日経ビジネス人文庫より刊行した
『池上彰のやさしい経済学2　ニュースがわかる』に加筆、修正を加え、再編集したものです。

池上彰 Akira Ikegami

ジャーナリスト・名城大学教授
長野県生まれ。慶應義塾大学経済学部卒業後、NHK入局。社会部記者や科学文化部記者を経て、報道局記者主幹に。1994年よりNHK「週刊こどもニュース」で、ニュースをわかりやすく解説し、人気を博す。
2005年NHK退局後、フリージャーナリストとしてさまざまなテーマについて取材し、幅広いメディアに出演する。著書に『伝える力』(PHPビジネス新書)、『知らないと恥をかく世界の大問題』シリーズ(角川新書)、『世界史を変えたスパイたち』(日経BP)など、ベストセラー多数。

池上彰のやさしい経済学【令和新版】
2 ニュースがわかる

2023年11月24日 1刷

著者 池上 彰
編者 テレビ東京報道局

発行者 國分正哉

発行 株式会社日経BP
日本経済新聞出版

発売 株式会社日経BPマーケティング
〒105-8308 東京都港区虎ノ門4-3-12

印刷・製本 TOPPAN株式会社

Printed in Japan ISBN 978-4-296-11770-3

シリーズ累計48万部超
「お金と経済」を知るための入門書

池上彰のやさしい経済学

令和新版

1 しくみがわかる

池上 彰
テレビ東京報道局 編

学生、社会人、学び直しに

明日がわかる白熱授業！

「お金はなぜお金なのか」

「見えざる手によって導かれる経済とは」

「今でも通用する学説・マルクス」――。

経済学の基礎知識を身につければ、
最新の経済ニュースも驚くほど理解が深まる。

48万部のベストセラーを大改訂！